A História é uma das disciplinas do
saber a que melhor se associam os
impulsos do imaginário: o passado
revivido como recriação dos factos,
e também como fonte de deleite, de
sortilégio e, quantas vezes, de horror.
A colecção
«A História como Romance»
tentará delinear, no enredo das suas
propostas, um conjunto de títulos
fiel ao rigor dos acontecimentos
históricos, escritos numa linguagem
que evoque o fascínio que o passado
sempre exerce em todos nós.

1. *Rainhas Trágicas,* Juliette Benzoni
2. *Papas Perversos,* Russel Chamberlin
3. *A Longa Viagem de Gracia Mendes,* Marianna Birnbaum

A publicar

4. *A Viagem da Armada,* David Howart

A LONGA VIAGEM DE GRACIA MENDES

12,60

Título original:
The Long Journey of Gracia Mendes

Marianna D. Birnbaum, *The Long Journey of Gracia Mendes.*

Traduzido e publicado em Língua Portuguesa com autorização da
CENTRAL EUROPEAN UNIVERSITY PRESS.

Tradução: Jaime Araújo

Capa de José Manuel Reis sobre ilustração de Arthur Szyk, reproduzida com a cooperação de Alexandra Szyk Bracie e Historicana, Burlingame, California, *www.szyk.com*

Créditos das ilustrações:
2. Museu J. P. Getty; 3 - 4 Museu de Belas Artes de Budapeste; 5. Tadic, J. *Jevreji u Dubrovniku do polovine XVII stoljeca.* Saraievo, 1937; 6. *Biblia en lengua española*... Amsterdão, 1629/30; 7. Museu Skirball (item 36.108). Freidenberg, Daniel M. *Jewish Medals from the Renaissance to the Fall of Napoleon (1503-1815)*, Nova Iorque, 1970; 9 - 10, Usque, Samuel, *Consolation for the tribulations of Israel*, trad. Martin A. Cohen, Filadélfia, 1965; 11. Metzger, T. e Metzger, M., *Jewish Life in the Middle Ages*, Hong Kong, 1982; Postal ilustrado, publicado em Dubrovnik; Arquivos de Dubrovnik; Lewis, B., *Jews of Islam*, Princeton University Press, 1984; Cohen, J-M. (org.), *Jews under Islam*, Amsterdão, 1993. 16 - 17. Nicolay, Nicholas de. *Quatre premiers livres des navigations et pérégrinatios orientales*, Antuérpia, 1578 (também Lyon, 1567, Veneza, 1580).

Depósito Legal nº222942/05

Impressão, paginação e acabamento:
Manuel A. Pacheco, Lda.
para
EDIÇÕES 70, LDA.
Março de 2005

ISBN: 972-44-1238-5

EDIÇÕES 70, Lda.
Rua Luciano Cordeiro, 123 – 2º Esqº - 1069-157 Lisboa / Portugal
Telefs.: 213190240 – Fax: 213190249
e-mail: edi.70@mail.telepac.pt

www.edicoes70.pt

Marianna
BIRNBAUM

A LONGA VIAGEM DE GRACIA MENDES

edições 70

Agradecimentos

Há muitos anos, enquanto escrevia sobre os Fugger, célebre família de banqueiros alemães, deparei com uma afirmação feita por um dos seus representantes comerciais. Hans Dernschwam, que viajou longamente pelo Império Otomano (1553–55), notou que os judeus gozavam de uma situação privilegiada sob o domínio turco; em particular, a chefe de uma família, uma «mulher portuguesa», tinha o descaramento de se trajar e comportar como uma aristocrata europeia, rodeando-se de objectos de luxo e criados.

Tomei nota para voltar àquela página e estudá-la com mais tempo, mas esqueci-me completamente do assunto até vários anos mais tarde quando assistia a uma conferência sobre medalhas da Renascença. O conferencista chamou a atenção para o perfil de uma jovem elegante numa das medalhas. Em torno do relevo viam-se letras hebraicas e o nome da jovem fora transliterado como «Gratsia Luna.» Seria esta a mesma mulher portuguesa a que Hans Dernschwam se referira no seu diário? Só muito mais tarde é que descobri que a medalha retrata não ela, mas a sua sobrinha, que tinha o mesmo nome. O conferencista confundira as duas mulheres e identificara o retrato como sendo o da mais velha.

Nessa altura, porém, já estava completamente apaixonada pelo assunto. Quem seria aquela misteriosa «Senõra» que Dernschwam criticara de forma tão rancorosa? De que forma é que a sua sobrinha veio a ter o seu retrato gravado na medalha? Como poderia o especialista em medalhas ter cometido um erro tão significativo?

Este livro é o resultado da minha investigação sobre a vida e a época dessa mulher extraordinária, Gracia Mendes (Luna), que assumiu um dos lugares mais poderosos do comércio europeu do século XVI, não obstante os violentos sentimentos antisemitas que haviam ajudado a activar a Inquisição espanhola e que acabaram por obrigá-la a deslocar-se com grande parte da família de Portugal para a Turquia.

Agradeço ao Center of Medieval and Renaissance Studies da Universidade da Califórnia, Los Angeles, por generosamente me ter cedido auxiliares de investigação qualificados e empenhados. Desejo também agradecer aos meus muitos amigos, que me escutavam com paciência e criticavam sabiamente, enquanto eu os bombardeava com os pormenores fascinantes que descobrira sobre a longa e difícil viagem da minha heroína de Lisboa a Constantinopla.

Queria por este meio agradecer aos Professores Doutores Sima irkovi e Bariša Kreki por me terem facilitado informações sobre as rotas comerciais frequentadas pelos viajantes do século XVI nos Balcãs. Sinto-me muito grata para com o Prof. Dr. Jascha Kessler pelos muitos aperfeiçoamentos estilísticos e para com o Prof. Dr. Gabriel Piterberg pelos seus sábios comentários acerca do Império Otomano.

Os meus agradecimentos especiais vão para o Dr. G. Patton Wright que me ajudou a moldar este trabalho com as suas muitas e inestimáveis sugestões.

A história de Gracia Mendes é dedicada ao meu falecido marido, Henrik Birnbaum.

MDB
15 de Janeiro de 2003
Los Angeles, Califórnia

I

Apresentação da Família

Este livro é sobre Gracia Mendes (Luna), viúva abastada de origem portuguesa que viveu no século XVI e que durante muitas décadas, enquanto cristã praticante, permaneceu judia em segredo. A carreira dela e a da sua família abarcam o mapa da Europa, da Península Ibérica à Itália (onde adoptou publicamente o judaísmo), até à Turquia e à Palestina sob domínio otomano.

Em meados da década de 90 do século XV uma parte da família de Gracia chegou a Portugal, onde ela nasceu em 1510 e onde, com dezoito anos, casou com Francisco Mendes, outro criptojudeu e um bem sucedido homem de negócios. É muito provável que existissem relações de parentesco entre as duas famílias. O casal teve uma filha a quem pôs o nome de Reyna. Depois da morte do marido em 1536, Gracia deixou Portugal, acompanhada da filha e de outros membros da família. Após uma viagem longa e cheia de riscos, encontraram finalmente segurança e refúgio na Turquia.*

Embora se conheça bastante sobre a vida de Gracia, a genealogia da família encontra-se bem menos documentada. Sabe-se que os pais dela vieram de Aragão para Portugal, mas nem os seus locais de nascimento, nem a sua residência em Espanha podem ser referidos a uma localidade precisa.

Com toda a probabilidade, o nome «Luna» representa o lado materno da família de Gracia. É possível encontrá-lo como apelido em Illueca, onde no século XV cristãos, judeus e mouros viviam juntos.[1] Situada nas encostas setentrionais da «Sierra de la Virgen», à beira do rio Aranda e nas imediações de Gotor, Illueca fica a 48 quilómetros de Saragoça e a 45 quilómetros de Calatayud. No século XV a aldeia pertencia ao baronato dos de Luna, que eram também senhores da aldeia de Arandig e de várias outras pequenas povoações. Foi provavelmente no senhorio de Juan Martinez de Luna IV que viveram os antepassados maternos de Gracia.

Em 1450 residiam 21 famílias judias em Illueca. O número de judeus diminuiu durante as décadas de 60 e 70, mas subiu mais tarde para cerca de 30 famílias. A comunidade tinha um rabino que também desempenhava as funções de notário. Não existem quaisquer registos de um hospital ou cemitério judaicos. Em 1453 abriu um talho judeu, a «Carniceria de los judios», cujo dono, além de muitas outras funções, também praticava circuncisões. Entre 1450 e 1470 desenvolveu-se uma congregação judia bastante activa, com uma sinagoga e cobrança de impostos organizada.

Embora Illueca tivesse alguns judeus, existiam poucos conversos – judeus que durante a Inquisição tinham sido forçados a aceitar o cristianismo – com provas dos seus antigos nomes judeus. Nas cerimónias de baptismo o nome hebraico do converso era abandonado. O chamado cristão-novo recebia muitas vezes o nome de um dos senhores da região, que fazia de padrinho do novo cristão.

Um registo de 1432 faz alusão a um certo Jaime de Luna, homem de Illueca, e à sua filha, Beatriz de Luna.[2] É possível que Jaime de Luna, um converso dos arredores de Saragoça, e a sua filha, que casou mais tarde com Jaime Ram, um saragoçano, tenham vivido no mesmo senhorio que a família de Gracia; e daí partilharem o mesmo nome. Além disso, um registo de 1412 refere uma D. Brianda de Luna, viúva de D. Luís Cornel.[3]

Estas duas raparigas conversas, Beatriz (Gracia) e Brianda (Reyna) Luna, eram as irmãs mais novas do Dr. Agostinho Miques (conhecido anteriormente por Samuel Micas). Médico da família real, Miques, que leccionava medicina na Universidade de Lisboa, era também chamado «Nasi» ou príncipe. Esta última designação terá sido adicionada ao nome de família, indicando o prestígio social de que o médico gozara entre os seus correligionários antes do baptismo. Pelos menos um historiador pensa que o irmão de Gracia e Brianda permaneceu em Portugal e aí viveu como cristão.[4]

Muito provavelmente a família de Gracia tinha laços de parentesco remotos com a família Benveniste. Segundo as informações de *The Jews in the Crown of Aragon*, o nome Benvenist, ou suas variantes, era bastante popular nos círculos judeus e conversos por toda a Península Ibérica.[5] Os Benvenist viviam em Barcelona, Saragoça, Valência e em localidades mais pequenas como Morvedre ou Lérida. Havia Benvenist a viver em Perpignan e Villafranca. Além disso, havia também Benvenist a residir na zona de Illueca.[6]

Os Benveniste de Aragão eram uma família judia antiga e respeitada. No século XII, Nasi Isaac Benveniste foi médico do rei de Aragão. Ele transmitiu o título ao filho Seshet. No século XIV, José Benveniste, membro da mesma família, foi conselheiro de Afonso XI de Castela. O membro mais ilustre da família foi Abraão Benveniste (1406–54), «rabi da corte» em Castela, que conseguiu restaurar a abalada administração fiscal de João II. Desempenhou também as funções de arrematador geral de impostos do reino. Como «Rab de la

Corte», era o supremo magistrado dos judeus, nomeado pelo rei.[7]

Tudo indica ter sido o seu descendente directo que resolveu emigrar para Portugal, onde ele e os filhos se converteram ao cristianismo. Semah, o filho mais velho, adoptou o nome de Francisco Mendes, enquanto o seu irmão mais novo, Meir, passou a chamar-se Diogo Mendes.[8] A. A. Marques de Almeida descreve a família Mendes como «uma importante família judaica de Aragão que em 1492 se refugiou em Portugal».[9] A importância desta família será demonstrada nos capítulos seguintes.

II

Breve História dos Conversos

Os primórdios da história de Gracia remontam a Espanha, à expulsão dos judeus e mesmo a tempos anteriores.

Grande parte dos males da história de Espanha, como a inexistência de uma burguesia e de uma indústria, tem sido atribuída à expulsão dos judeus. Os historiadores têm discordado quanto ao número de pessoas expulsas. Uns sugerem apenas 150 000 enquanto outros alvitram o número dificilente concebível de 1 milhão.[10] Estudos mais recentes indicam que a população urbana das cidades espanholas era mais reduzida do que anteriormente se pensava e que antes da Expulsão não haveria mais de 10 000 judeus a viver em Aragão. O mais provável é que em 1492 a maioria se tenha convertido em vez de fugir. Os que partiram escolheram Portugal ou Itália como novo refúgio. Apenas uma minoria da população judaica fugiu para regiões sob domínio muçulmano, mas mesmo esses mudaram-se gradualmente, por etapas bem preparadas.[11]

Pouco antes da sua morte em 1254, o Papa Inocêncio IV instaurou a Inquisição, organização que desde os seus primórdios até ao século das Luzes foi responsável pela tortura e morte de muitos milhares de pessoas. À medida que a Inquisição alastrava o seu poder, as conversões atraíam cada vez mais pessoas. No entanto, os judeus que adoptaram a religião cristã – os conversos ou cristãos-novos – e que optaram por ficar na Península Ibérica continuaram a ser alvo de suspeitas constantes e a recear as denúncias secretas e os espiões omnipresentes do Santo Ofício.

Em 1449, durante o reinado de João de Castela, ocorreu em Toledo o primeiro surto de hostilidade contra os cristãos-novos, essencialmente porque alguns destes haviam alcançado lugares de destaque na corte. Entre eles encontrava-se D. Álvaro de Luna, conselheiro de finanças do rei. Foi executado alguns anos mais tarde.

Os cristãos referiam-se aos judeus recentemente convertidos por variadíssimos nomes. As expressões utilizadas para denominar o grupo, como «conversos», «confessos» ou «cristãos novos», sofreram alterações semânticas durante as décadas posteriores à Expulsão e passaram a indicar uma «condição hereditária», adquirindo a conotação de «suspeito» ou criptojudeu. Em Espanha, mas também na Itália, um converso português tornou-se praticamente sinónimo de «judaizante», isto é, alguém que praticava rituais moisaicos em segredo.

A Inquisição em Espanha e Portugal

A instauração organizada da Inquisição em Espanha está directamente relacionada com um acontecimento em Sevilha. Em 1477, durante uma visita real, os monges anfitriões queixaram-se aos reis dos «conversos», acusando estes últimos de práticas judaizantes. Com efeito, um ano depois, Sisto IV concordou em instaurar a Inquisição em Espanha. Estabelecido em 1478, o Santo Ofício iniciou o seu trabalho em 1480, em Sevilha, sob o comando dos padres Morillo e San Martin. Viria a ser composto por quinze tribunais, incluindo um em Palma de Maiorca. Os de Madrid, Sevilha e Toledo foram os mais activos, uma vez que o maior número de cristãos-novos residia nessas cidades. Entre 1481 e 1488, 700 pessoas foram condenadas à fogueira.

Em 1484, Tomás de Torquemada tornou-se inquisidor-mor de Espanha, conservando esse cargo até à morte em 1498. Torquemada, cujo nome tem sido identificado com a própria essência da Inquisição, pertenceu aos sete primeiros inquisidores nomeados. Contudo, naquele período da história do Santo Ofício, o Papa ainda tinha a última palavra e podia exercer a sua clemência.[12]

Em 1488, a Inquisição deslocou-se para o Sul, para Toledo, Saragoça e Valladolid, onde, especialmente em Toledo, judeus e muçulmanos eram obrigados a denunciar os cristãos-novos. Os «criptojudeus» tornaram-se os alvos dos dominicanos e dos franciscanos. Ironicamente, até 1492 os judeus não convertidos gozavam de mais privilégios do que os convertidos ou os seus correligionários que viviam no resto da Europa. No entanto, a sua importância para a Coroa diminuiu quando os cristãos-novos começaram a desempenhar as mesmas funções e serviços anteriormente confiados aos judeus.

Além disso, após a queda de Granada diminuiu também a necessidade do dinheiro dos judeus para ajudar a fazer a guerra. Em 1492, todos os judeus tiveram de escolher entre converter-se ou abandonar a Espanha. Os que se recusaram a converter-se e tinham valores disponíveis, mudaram-se para Portugal, onde foram autorizados a fixar-se até que também aí a Inquisição começou a actuar. A família de Gracia fazia parte desse grupo.

Já em 1391 o *pogrom* no bairro judeu de Sevilha obrigara muitos sobreviventes a fugir para Portugal. Alguns permaneceram no país mas outros regressaram mais tarde a Espanha. Por exemplo, o avô de Isaac Abrabanel ficou, mas o neto regressou em 1485 e tornou-se conselheiro financeiro de Fernando e Isabel.

Quando em 1497 D. Manuel casou com a infanta espanhola D. Isabel, prometeu à noiva livrar Portugal dos judeus. Embora os mais ricos pudessem resistir ao édito durante algum tempo, a peste de 1506, pela qual a populaça culpou os judeus, provocou uma matança em Lisboa. Obrigados a escolher, mais judeus optaram pela conversão.

O número de conversões foi maior em Portugal do que mesmo em Espanha, uma vez que Portugal tinha sido o último refúgio dos judeus na Península Ibérica. Levados a tentar o exílio para não se submeterem à conversão forçada, a 19 de Março de 1497 perto de 700 judeus fugiram para Marrocos e outras regiões do Norte de África. Um número ainda maior de judeus emigrou para a Itália e outros mudaram-se para Avinhão. A Terra Santa, conquistada pelos Turcos (1517), também os atraiu, especialmente Salonica, onde cada grupo de imigrantes tinha a sua congregação, a sua «Kahal Kadosh.»

Portugal estava ansioso por imitar a Espanha. E devido às conversões em massa, a Inquisição, instaurada em Portugal 40 anos depois de Espanha, tinha entre os cristãos-novos milhares de suspeitos para investigar.

A assimilação dos conversos

As atitudes dos cristãos sofreram alterações muito significativas durante o século XV. Antes da instauração da Inquisição, o convertido sincero era diferenciado do «criptojudeu.» A distinção baseava-se apenas na prática religiosa.

Pouco antes da introdução da Inquisição em Espanha, contudo, foi publicado um violento ataque contra os judeus. A obra de Alonso de Espina (1412-1495), intitulada *Fortalitium fidei contra judeos, sarracenos aliosque christianae fidei inimicos*, descrevia-os como bestas que punham em perigo a fé cristã. Esta obra, primariamente antijudaica, repetia também a acusação de deicídio, contribuindo para desencadear sentimentos violentos contra os cristãos-novos.[13]

Os conversos, que em muitos casos haviam penetrado com êxito nos escalões mais altos da sociedade, participavam da vida da elite social e económica. Mas ao exercerem cargos importantes no governo, transpuseram um conjunto de barreiras sociais e provocaram reacções hostis. Excessos como os tumultos de 1449 contra os conversos em Toledo tornaram-se frequentes nas décadas que precederam o Édito de Expulsão.

A Inquisição espanhola estava totalmente interligada à política e religião do país, protegendo os católicos. Com a expulsão ou conversão de muitos judeus e crentes de outras religiões, incluindo o baptismo forçado dos muçulmanos, a Inquisição despertava o sonho antigo da nobreza espanhola de viver num país puramente cristão. Em 1492, a Reconquista prometia realizar esse sonho. O resultado final, contudo, foi precisamente o contrário: as muitas conversões transformaram a Espanha num país suspeito para a Inquisição. Para a Igreja, a Espanha parecia estar infestada de criptojudeus e falsos cristãos.[14]

A imagem que os convertidos tinham de si mesmos sofreu também uma mudança lenta mas contínua. No final do século XIV os novos conversos já tinham começado a afastar-se do judaísmo e a deixar de observar as leis hebraicas. Afirmar que a maioria dos judeus foram obrigados a adoptar o catolicismo ou que continuaram a ser judeus na clandestinidade tem sido uma atitude persistente, se bem que muito romantizada. A maioria, na verdade, não achava que tivesse cometido qualquer acto vergonhoso. À medida que o número de conversos aumentava, tornava-se mais fácil juntar--se às suas fileiras sem qualquer complexo de culpa.

Em meados do século XV havia já relativamente poucos criptojudeus; existiam sim pequenos grupos ou famílias que praticavam alguns rituais judaicos em segredo. Os médicos conversos estavam autorizados a estudar livros científicos em hebraico e alguns também estudavam o *Talmude*, já que os gentios não distinguiam entre os dois géneros de literatura.[15] O facto de a Inquisição ter interrogado muitos conversos sobre um grande número de rituais secretos (sobre os quais tudo o que sabemos provém sobretudo dos próprios registos da Inquisição) não significa que os criptojudeus tivessem praticado todos ou mesmo alguns deles. A generalidade dos cristãos-novos não tinha conhecimento dos rituais que devia praticar, nem tão-pouco das acusações que lhe eram intentadas.

A esmagadora maioria dos convertidos não queria regressar à sua religião anterior. A maior parte não se considerava judeu, nem na sua fé nem nos seus actos; de uma maneira geral eram assimilados, afastados do judaísmo: «semigentílicos.»[16] É por isso impossível especular sobre que percentagem de cristãos-novos poderia ainda ser considerada judia, em conformidade com a lei moisaica.

Os conversos incircuncidados eram *eo ipso* filhos de apóstatas. Os rabinos chamavam-lhes «prosélitos gentílicos», desencaminhados pelos pais, «nados na heresia», que não podiam ser considerados judeus.[17] Foi a Inquisição em Aragão que judaizou os conversos e os aproximou dos judeus declarados, que na altura mostravam pouca simpatia por eles. Na verdade, durante as primeiras décadas do século XV, os judeus viviam melhor do que os conversos, cuja situação se deteriorou depois de 1449 por causa da Inquisição. A Igreja perseguia os cristãos-novos por causa das «transgressões» que os judeus podiam praticar abertamente como parte da sua fé. Alguns pregadores judeus viam nisso a justiça divina.

Também em Portugal a Inquisição depressa passou de uma instituição religiosa para uma instituição política, favorecendo o Estado dos Habsburgo. Filipe II, filho de Carlos V, transformou a Inquisição num ministério independente. Os inquisidores, que antes tinham sido teólogos, passaram a ser a partir de então sobretudo juristas.[18]

As novas atitudes para com os conversos

Muitos autores católicos faziam uma distinção entre cristãos-novos e marranos, encarando sempre estes últimos como criptojudeus. A designação «marrano» era aplicada normalmente aos judeus espanhóis e portugueses, mas também a conversos italianos.[19] Os cristãos-novos nunca empregavam o epíteto «marrano» como definição própria. Existiram algumas excepções no século XV, quando na poesia espanhola, escrita por conversos forçados que competiam por colocações ou favores na Corte, um converso ao referir-se a outro diria que embora fingisse e comesse muita carne de porco, não deixava de ser «marrano».[20] Em qualquer dessas combinações, o converso era chamado desonesto e traiçoeiro.

Existia alguma verdade nessa acusação, uma vez que a experiência ensinara ao converso que, inseguro no seu meio, e por uma questão de sobrevivência, cada pensamento tinha de ser acompanhado de um outro, cada plano secundado por uma alternativa.

A vida da maioria dos conversos entre 1391, quando começou a primeira vaga de conversões forçadas, e a segunda metade do século XVI, era tão variada e inconstante como o mundo à sua volta. O modo como pouco depois de 1391 os conversos se misturaram com as populações locais e gentílicas contrasta com o que se passou um século mais tarde. A situação em Espanha ou Portugal era também diferente da que se vivia na Itália ou nos Países Baixos.

Em meados do século XVI, já tinham sido inventadas novas expressões: *gente de linaje, esta gente, esta generacion, esta raza*. Nessa altura os *estatutos de limpieze de sangre*, estatutos baseados em critérios raciais, já eram omnipresentes.[21] *Limpieza*, a lei da pureza de sangue, foi introduzida em 1449. Na segunda metade do século XVI, Toledo já tinha estatutos de pureza de sangue em duas instituições importantes: no capítulo da catedral, impostos pelo arcebispo em 1547, e no Conselho Municipal, assim determinado pela Coroa, em 1560.[22] Cervantes apresenta Sancho Pança a gabar-se de não ter nem sangue judeu nem sangue mouro.[23]

Também em Portugal foi adoptado o «estatuto da pureza de sangue». Expressões como *gente da nação* ou *homens da nação*, mesmo sem o adjectivo «hebraico», depressa começaram a ser usadas para designar os conversos.[24] Durante muitas décadas, no mundo do comércio internacional, *homem de negócio* designava os conversos. No século XVII, homem de negócios era sinónimo de judeu, mas a expressão encontra-se registada já em 1516.[25]

Durante os primeiros anos da Inquisição, a Igreja não torturava as suas vítimas. Na verdade, retirou o controlo da tortura às autoridades seculares por causa dos excessos que estas cometiam. No entanto, queimar os culpados na fogueira era tido como condicente com os ensinamentos de Cristo.[26] Segundo o Evangelho de S. João 15: 6-7, Cristo terá dito: «Quem não fica unido a Mim será deitado fora como um ramo, e secará. Esses ramos são juntados, lançados ao fogo e queimados». Os acusados apresentados perante a Inquisição eram considerados heréticos, e a heresia, segundo a Igreja, destruía o indivíduo e a sociedade. A alma poderia ainda ser salva se a pessoa admitisse a sua culpa antes de morrer, mas se o condenado não o fizesse, a Igreja «lavava daí as suas mãos em inocência».[27]

Convém lembrar que os réus só podiam escolher um advogado entre os nomeados pela Inquisição e que não lhes era permitido conhecer os nomes dos seus acusadores ou vê-los cara a cara. Uma vez que o fim último da Igreja era a conquista das almas, atacá-la era considerado um crime mais grave do que o homicídio. Em 1528, Carlos V tornou-se o primeiro soberano espanhol a assistir a um auto-de-fé, realizado em sua honra na cidade de Valência.[28]

A Inquisição espiava as suas vítimas e fomentava uma mentalidade intriguista entre a população leiga. As denúncias e acusações anónimas passaram a ser virtudes. Marginalizada pela sociedade, a maior parte dos conversos suportava o estigma da infâmia e da inferioridade social. A cada encontro com a população cristã «velha», a honra do cristão-novo era posta em causa.

Se os judeus não estavam «radicados» na vida social e cultural de qualquer dos países ocidentais, que de vez em quando os toleravam, os criptojudeus sentiam-se ainda mais inseguros e desenraizados. O aspecto exterior inverteu-se: em vez de parecer o «judeu», cuja capa disfarçava o «indivíduo», para as pessoas não informadas, o converso parecia um «indivíduo», para essas mesmas pessoas não informadas; mas por baixo da sua capa de «gentio», ele próprio sabia que era um judeu desprotegido e assustado que qualquer denunciante podia incriminar e destruir.

Os conversos eram muitas vezes acusados de acumular fortunas à custa dos cristãos. Mesmo essas acusações tinham alguma ponta de verdade, porque tanto para os judeus como para os conversos o dinheiro era o único instrumento de poder. Com dinheiro podiam subornar funcionários públicos e assim salvar a pele. Sem a potencial influência do dinheiro, nada nas suas vidas era resolvido numa base individual, para não falar das hipóteses de provar a sua inocência perante acusações maldosas e anónimas. A história de Gracia Mendes desenrola-se neste contexto.

A condição especial dos ricos

Embora o clima de medo e incerteza atingisse toda a gente, no caso de Gracia Mendes (Luna) o quadro não é tão linear. A pequena classe de judeus e cristãos-novos portugueses a que Gracia pertencia, excepcionalmente endinheirada, constituía uma entidade especial. Os seus pares sociais nunca se comportaram como desenraizados ou gente isolada; em todos os momentos e em toda a parte permaneceram um grupo bastante coeso.

O facto de em Portugal até mesmo os conversos ricos serem excluídos de honrarias e cargos públicos gerou não só ressentimentos mas também uma identidade distinta, uma casta dentro do sistema, que iria permanecer com os cristãos-novos mesmo depois de terem abandonado Portugal. Assim, estes prósperos conversos da Península Ibérica, em vez de perderem a identidade, ganharam um sentido de compromisso duplo. Além de uma religião comum, tinham o seu próprio conceito de «nação», que abarcava os descendentes de judeus baptizados desta região em particular. Esta denominação foi mais tarde alargada para incluir todos os judeus mediterrânicos: «Ele odeia a nossa sagrada nação», diz Shylock de António no *Mercador de Veneza* (I.iii.48), de Shakespeare.

Muitas vezes os emigrantes portugueses apegavam-se mais à sua nacionalidade do que à sua crença. Também Gracia

Mendes optou por continuar a ser súbdita de Portugal, mas não apenas para poder transferir a sua fortuna com maior segurança. Não é por acaso que na Turquia, onde judeus de todas as regiões da Europa podiam professar livremente a sua religião, os vários grupos nacionais continuavam a viver separados. Não eram só os judeus sefarditas e asquenazes que se isolavam; existiam sinagogas portuguesas e espanholas separadas, apesar de os antepassados da congregação portuguesa terem vindo de Espanha. Os conversos permaneceram fiéis às suas raízes ibéricas, ao ponto de mesmo em Salonica darem nomes como Castela, Aragão, Portugal, Catalunha, Évora ou Lisboa às suas sinagogas, e de ornarem as suas pedras tumulares com armas de «fidalgos».[29] Quando no século XVII alguns deles regressaram a Castela, eram distinguidos dos conversos autóctones como «portuguese de la naçion (hebrea)».[30]

Apesar de terem sido discriminados pelos cristãos, os conversos ibéricos ricos consideravam-se a aristocracia do comércio e da banca. As perseguições mantinham-nos unidos, mas mais do que isso, a experiência cultural comum estabelecia entre eles vínculos fortíssimos. Na Turquia existiu uma imigração sem precedentes de conversos, que aspiravam a ficar juntos, a viver e a orar juntos, e a ajudar os irmãos judeus menos favorecidos.[31]

Ao contrário dos asquenazes, os judeus ibéricos não se misturavam com os judeus de outros países. Achavam a convivência com judeus não ibéricos tão estranha como os encontros com gentios não ibéricos. Os imigrantes ibéricos na Turquia eram diferentes dos judeus levantinos, não só no que dizia respeito à riqueza, mas também à educação superior, costumes e rituais. Na verdade, desconheciam o judaísmo tradicional praticado na Europa Ocidental e Setentrional. «Surgiu um espírito novo e colectivo» sob a pressão desses contactos.[32] Os judeus espanhóis e portugueses cerraram fileiras e mantiveram-se afastados dos asquenazes, nos seus bairros, sinagogas, e mesmo nos cemitérios.

Mudar de país – mudar de nome

Durante o século XVI, ser judeu ou cristão-novo implicava uma multiplicidade de condutas, que podiam determinar a crença, nacionalidade e mesmo a escolha dos nomes das pessoas. Os cristãos-novos usavam nomes diferentes consoante o sítio em que viviam, e no processo de adaptação a um novo local de exílio tinham com frequência de criar identidades e personalidades completamente novas. Em fases diferentes das suas vidas e nos vários países em que viveram, Gracia Mendes e os seus parentes usaram variadíssimos nomes, não só nas suas operações comerciais mas também nas suas vidas privadas.

Por causa da imensa fortuna e influência de Gracia, a história da sua vida não pode ser considerada um paradigma. A sua vida continua a ser um episódio incomparável, mesmo no âmbito da experiência dos conversos portugueses abastados. No entanto, o seu exemplo esclarece um período curto mas extraordinário da história judaica.

Os feitos de Gracia Mendes são únicos: viúva, criptojudia, num século virulentamente antijudaico, conseguiu ultrapassar todos os obstáculos imagináveis da sociedade da época, enfrentando com êxito todos os desafios, todos os limites que a sua condição de mulher e a sua religião lhe impuseram. Depois de ter atravessado o continente, escapando à ira dos Habsburgo, contra todas as probabilidades, encontrou refúgio na Turquia. Aí tornou-se uma influente dirigente da sua comunidade e ajudou a criar um novo abrigo para os judeus, praticamente o único lugar seguro que encontraram naquelas décadas turbulentas.

III

A vida na Antuérpia do século XVI

No Verão de 1540 celebrou-se um sumptuoso casamento na Onze Lieve Vrouwekathedral (Catedral de Nossa Senhora) de Antuérpia. Orgulho da cidade e palco dos acontecimentos mais importantes, a catedral tinha uma torre gigantesca, com quase 120 metros de altura e encimada por sinos de bronze. A igreja, concluída em 1521, levou mais de dois séculos a ser construída e manteve-se a maior construção gótica dos Países Baixos. Se não fosse o incêndio de 1533, o mais provável é que na altura do casamento estivesse a decorrer a construção de uma nova catedral com nove naves; contudo, todos os recursos disponíveis tiveram de ser canalizados para a restauração da estrutura existente.

Nesse dia, Diogo Mendes, célebre banqueiro e rei das especiarias, casava com uma encantadora jovem portuguesa, Brianda Luna, irmã mais nova de Beatriz (Gracia) Luna Mendes, a rica viúva do irmão mais velho de Diogo.

Quem era esta irmã mais velha que resolvera deixar Portugal para empreender uma viagem perigosa e instalar a família noutro país? E que importância tem a sua história (e a história da sua família), apesar de tão singular, para a compreensão das relações judaico-cristãs, da dinâmica do comércio no início da era moderna, da construção (e reconstrução) da identidade judaica e da história da mulher?

Para começar a responder a estas questões, temos de analisar o papel de Antuérpia no comércio e na geopolítica da época.

A principal vantagem de Antuérpia, naquela época e nos dias de hoje, é a sua localização no estuário do rio Scheldt, a cerca de oitenta quilómetros do mar. Depois de já ter sido ocupada pelos Romanos, Antuérpia foi saqueada pelos Viquingues em 836 d.C. Enquanto Ghent e Bruges (no estuário do Swin) foram os principais entrepostos comerciais durante a Idade Média, Antuérpia, que anteriormente comerciara sobretudo com Brabante, alcançou a primazia no século XV, quando Bruges já entrara em decadência. A Inglaterra já não era capaz de satisfazer a crescente procura de lã fina, necessária em Bruges. Entretanto Antuérpia passou a dominar o comércio das especiarias, organizado pelos Portugueses, que tinham descoberto o caminho marítimo para a Índia.

O primeiro navio português carregado de mercadorias exóticas chegou a Antuérpia em 1501.[33] Um carregamento típico incluía pimenta, canela, mace, noz-moscada, cravo-da-índia, pimenta-de-coroa e especiarias medicinais como o gengibre, mas também sândalo, gálbano e marfim. Nos anos 20 do século XVI as embarcações de Lisboa aportavam em Antuérpia quase todos os dias. Em condições meteorológicas favoráveis a viagem entre as duas cidades demorava dez dias.

Inicialmente um porto fluvial, Antuérpia só podia receber pequenos navios no seu Cais Grande, próximo do «Steen», onde uma rede de canais permitia a passagem dos barcos para os carregamentos e descargas. À medida que o porto se transformou num entreposto comercial para lã barata, tecidos, linho e tapeçarias dos Países Baixos, especiarias, tecidos ingleses e cobre alemão, a cidade começou também a fabricar produtos de seda, imitando os artigos italianos. A lapidação de diamantes, a tipografia e a publicação de livros e mapas fez aumentar ainda mais a actividade e importância comerciais de Antuérpia.

Na cidade os mercadores negociavam cobre e prata, procurados em África e na Índia, com comerciantes do Sul da Alemanha, como os Fugger, os Welser e os Hochstetter, empresários do comércio de minérios e verdadeiros bilionários da altura. Os Espanhóis compravam as mercadorias com a prata que iam buscar às minas peruanas no Novo Mundo.

Mais tarde Antuérpia tiraria proveito da crescente procura de tecidos mais baratos (feitos de lã espanhola), desse modo afastando os Ingleses da concorrência. Com o domínio do mercado, a indústria têxtil dos Países Baixos desenvolveu-se rapidamente. Os agricultores holandeses cultivavam o linho, que vendiam em Antuérpia, na altura uma metrópole cosmopolita cuja população crescera de 40 000 para 100 000 habitantes em cinquenta anos.[34]

Juntamente com a indústria têxtil, as corporações também prosperaram, facto evidente no esplendor arquitectónico da Casa dos Açougueiros (Vleeshuis, construída entre 1501 e 1504), projectada por Domien (Domenicus) e Herman de Waghemaekere, assim como no pátio mais modesto dos curtidores na Bontwerkersplaats (na Wolstraat), cujas pequenas instalações do início do século XV abrigaram originariamente apenas a corporação dos peleiros. Domenicus de Waghemaekere também projectou a primeira Bolsa a ser reconstruída. Desde 1485 que existia uma «gemeyne Borze» em Antuérpia, mas em 1515 a antiga estrutura de madeira foi substituída por colunas de pedra natural e transformada num pátio com galeria. Contudo, por volta de 1526, os mercadores decidiram que essa Velha Bolsa (Oude Beurs) era demasiado pequena e pediram ao Magistrado da Cidade que lhes cedesse um espaço mais amplo.[35] Em meados do século XVI a cidade já merecia, de facto, o epíteto de «Antverpia Mercatorum Emporium».

Essa prosperidade, contudo, chegaria ao fim durante o reinado de Filipe II (Habsburgo, 1555–1598). Vítima das convulsões políticas e religiosas da Guerra dos Oitenta Anos (1566–1648), após 1580 Antuérpia perdeu o seu lugar de primazia comercial para Amsterdão. No entanto, até à capitulação de 1585 a cidade prosperou e continuou a funcionar como entreposto comercial para o sul dos Países Baixos, embora com uma população mais reduzida.

Mesmo antes da guerra ocorreram crises na bolsa. Os biénios 1521–1522, 1530–1531 e 1545–1546 assinalaram períodos de insegurança financeira.[36] Essas depressões económicas obrigaram à importação de trigo, cevada, centeio e aveia do Báltico.

Apesar das flutuações económicas da primeira metade do século XVI, até 1588 os preços subiram menos em Antuérpia do que em outros lugares, graças ao seu acesso relativamente fácil ao mar e aos rios. O transporte de mercadorias era dez vezes mais caro por terra do que por rio ou mar. Os preços da manteiga e do queijo também pouco mudaram. Os preços das especiarias, contudo, podiam variar de modo caprichoso, embora tivessem aumentado menos no século XVI do que o de outros produtos. Os horários de trabalho (12 a 14 horas por dia) mantinham uma mão-de-obra estável. Entre 1504 e 1546 o poder de compra diminuiu lentamente, ao passo que entre 1546 e 1586 tanto o poder de compra como os preços aumentaram.[37] Durante a guerra o preço do ouro e da prata sofreu uma queda de 70 por cento, resultado não só da guerra, mas também de alterações nos orçamentos e salários dos trabalhadores.

A 7 de Outubro de 1531, um decreto do imperador Carlos V, destinado a evitar uma desvalorização monetária essencial depois da crise de 1530–1531, voltou a regular os salários e os preços do pão que tinham estado em queda. Contudo, logo em 1532, os preços voltaram a subir para os níveis anteriores.[38] Mais tarde, a crise de 1545–1546 foi o começo, com efeito, de um crescimento súbito na construção e reconstrução civil de Antuérpia, acompanhadas de um projecto de urbanização.[39]

Na primeira metade do século XVI, muitos tipógrafos famosos, como Michel Hillen van Hoochstraten, Willem Vorsterman e Jan Grapheus desenvolviam a sua actividade em Antuérpia. Na segunda metade do século, já depois de Gracia ter partido, a cidade pôde vangloriar-se de um Christopher Plantin.

Além de ser um centro de cartografia, a cidade era conhecida pela impressão de Bíblias e obras religiosas. Em 1540 foi publicada uma tradução flamenga dos Salmos.[40] Também *De Bijbel*, uma tradução neerlandesa de Jakob van Liesvelt, foi publicada em 1542, quando Gracia residia ainda em Antuérpia. Liesvelt foi decapitado nesse mesmo ano, provavelmente por causa dessa tradução. Nenhuma dessas obras está ligada à família Mendes. Quando Antuérpia se tornou uma metrópole das artes, já Gracia e a família haviam partido. Apesar de Dürer ter vivido em Antuérpia entre 1519 e 1521, não existem quaisquer registos de encomendas que o milionário Diogo Mendes lhe possa ter feito. Os Mendes, apesar da sua imensa fortuna, eram mercadores banqueiros. Ao contrário dos Fugger, a sua riqueza servia um único objectivo: alcançar a segurança. Evitavam a ostentação e compravam quase sempre a sua protecção.

A vida dos conversos em Lisboa e em Antuérpia

Durante a época de desenvolvimento económico, Antuérpia, centro de passagem para mercadorias estrangeiras, tornou-se fundamental para os comerciantes judeus e cristãos-novos, entre eles a família dos irmãos Mendes. Os cidadãos de Antuérpia gostavam de se chamar «sinjoren», como se se identificassem orgulhosamente com os seus suseranos espanhóis. No entanto, os cristãos-novos – ou marranos, como eram pejorativamente chamados – de Espanha e Portugal também usavam esse título; com efeito, para o final da sua vida Gracia Mendes era chamada «la Señora». Continua por se saber qual terá sido o primeiro grupo de habitantes de Antuérpia a apropriar-se desse título tão indiciador de uma elevada posição social.

A fixação dos cristãos-novos em Antuérpia foi precedida pelos acontecimentos sangrentos que ocorreram em Espanha no final do século XIV. Em primeiro lugar destaca-se a violência exercida contra os judeus de Sevilha na Quarta-feira de Cinzas de 1391, e a subsequente conversão forçada.[41] O Édito de Expulsão de 31 de Março de 1492, segundo o qual todos os judeus praticantes tinham de abandonar o território espanhol num prazo de quatro meses, também assustou os cristãos-novos, que embora na sua maioria praticassem sinceramente a nova fé, continuavam apesar disso a ser suspeitos aos olhos da Igreja.

Os judeus não eram estranhos aos Países Baixos. Havia judeus em Huy já no século X. Em 1044, viviam judeus em Liège, e no século XIII em Bruxelas. Henrique III expulsou-os em 1260, mas alguns ficaram, com as suas actividades circunscritas ao comércio: a usura não era permitida. Os judeus também procuraram os Países Baixos após a sua expulsão de Inglaterra. Em 1370, o duque de Brabante baniu-os, mas no final do século já haviam chegado da Península Ibérica e outras partes da Europa grupos cada vez maiores.

Portugal admitiu a entrada dos refugiados judeus vindos de Espanha e concedeu uma estadia de oito meses aos que pudessem pagar oito cruzados por cada adulto.[42] Cerca de trinta famílias eminentes foram autorizadas a instalar-se no Porto. Outras 600 famílias, entre elas muito provavelmente os Mendes e seus parentes, os Benveniste, que pagaram 100 cruzados por pessoa, foram autorizadas a fixar residência em cidades da sua escolha.

A tranquilidade relativa de que os judeus gozaram em Portugal, porém, terminou com o casamento de D. Manuel e a princesa D. Isabel, cujo contrato nupcial, assinado a 29 de Novembro de 1494, estipulava como condição que o país fosse «expurgado» de judeus. Uma semana depois os judeus foram oficialmente banidos de Portugal, recebendo um prazo de dez meses para abandonar o país.

Não querendo perder rendimentos para a Coroa, D. Manuel emitiu um novo decreto a 19 de Março de 1497, ordenando que no domingo seguinte todos os judeus de idades compreendidas entre os quatro e os catorze anos comparecessem na igreja para ser baptizados. Em muitos casos o cumprimento efectivo do decreto incluiu outros membros da família, como os pais, cujo baptismo «de sua própria vontade» era motivado essencialmente pelo desejo de manter a família unida. Uma vez que apenas cerca de 20 000 judeus tinham abandonado Portugal, os refugiados mais antigos, oriundos de Espanha, demasiado cansados para se mudarem de novo para outra região cheia de perigos e inseguranças, terão constituído a maioria desses novos conversos. Com o baptismo, os novos cristãos trocaram também os seus nomes judeus pelos dos padrinhos cristãos, que muitas vezes pertenciam à nobreza e que consideravam a conversão forçada uma vitória espiritual suprema, visto tratar-se da salvação de almas que de outro modo estariam condenadas ao fogo eterno.

Deve ter sido ainda antes que as famílias Mendes e Luna, ambas descendentes de antepassados Benveniste comuns, mudaram os nomes para Mendes/Miques e Luna, respectivamente.[43] Com novos nomes e uma nova religião, Portugal permitiu aos «antigos» judeus que ficassem a viver em Lisboa e se tornassem prósperos.

A princípio eminentes e respeitados negociantes de pedras preciosas no mundo dos negócios portugueses, no final do século os Mendes começaram a incrementar as suas actividades bancárias. Envolveram-se na compra e venda de mercadorias, em Portugal e no estrangeiro, e na transferência de pagamentos. Na verdade, negociavam com «produtos de base», na medida em que transferiam dinheiro de clientes de país para país e se dedicavam a operações cambiais com fins lucrativos. Também emprestavam grandes somas de dinheiro, mesmo à realeza, aceitavam a guarda de objectos de valor e alargaram os seus serviços não só a particulares mas também a governos. Para fazer tudo isto de modo eficaz, e garantir o lucro, tinham de conhecer muito bem as complicadas cotações internacionais e sistemas de câmbio, incluindo o do ouro ou prata em lingote.

Durante a segunda metade do século XVI, a família Mendes (na altura também conhecida por Nasi) geria a maior parte do comércio da pimenta e das especiarias, que se estendia à Itália, França, Alemanha e Inglaterra. Com consignações de 600 000 a 1 200 000 ducados anuais provenientes do negócio das especiarias, controlava também as bolsas de valores de vários países.[44]

O negócio da família

É mais do que provável que a matança de Lisboa tenha levado a família Mendes a optar por um centro de negócios alternativo. Ao enviar Diogo para Antuérpia (1493/4?–1542/3?), a família começou a expandir os seus negócios para o Norte. Diogo Mendes, um dos primeiros membros da colónia de conversos portugueses, estabeleceu-se em Antuérpia em 1512, um ano após o presidente da câmara ter cedido à «nação» portuguesa um esplêndido edifício na Kingdorp para centro de actividades comerciais.[45] A cidade oferecia grandes oportunidades. Principal centro do comércio das especiarias, Antuérpia fazia parte do império espanhol, conseguindo no entanto iludir a interminável vigilância da Inquisição e assim atrair várias famílias de cristãos-novos ricos e eminentes, entre os quais o jovem Diogo Mendes depressa se tornou o rei incontestado do monopólio da pimenta.[46]

Diogo, irmão mais novo de Francisco, tinha sido encarregado de fundar uma sucursal da empresa Mendes numa altura em que por acaso a maior parte do comércio internacional passava pelos Países Baixos. O jovem veio a revelar-se um génio empresarial: ao encontrar-se no lugar certo no momento certo, criou um negócio gigantesco à escala internacional.

Na terceira década do século XVI Antuérpia era a verdadeira «metrópole do Ocidente». Além de um comércio cada vez mais forte, existia uma pujante bolsa de valores, em cujas salas ressoavam línguas de todos os cantos do mundo. Todas as grandes casas de banqueiros, como os Fugger e os Welser, tinham filiais em Antuérpia.

Enquanto Francisco e os pais provavelmente tenham sido convertidos em Portugal, é provável que Diogo já tivesse nascido cristão. Em 1540, «a velha ama de Diogo», Bianca Fernandez, na altura com 75 anos, chegou a Antuérpia vinda de Lisboa para se juntar à família.[47] Tendo em conta a idade da ama na altura, ela não podia ter cuidado de Diogo em Lisboa muito depois do início da década de 90 do século anterior. Podemos por isso concluir que Diogo tenha nascido pouco depois de a família ter chegado a Portugal e se converter ao catolicismo.

Chegaram até aos nossos dias vários documentos sobre as actividades comerciais de Diogo em Antuérpia, além de vários registos rabínicos (resultantes dos posteriores litígios entre Gracia e a viúva de Diogo), que nos ajudam a perceber a dimensão da fortuna de Diogo. Ele deve ter tido à sua disposição um montante que hoje valeria entre quinhentos e mil milhões de dólares. Ao contrário dos dias de hoje, naqueles tempos apenas alguns burgueses controlavam fortunas tão vastas.

Em vez de se mudar para o Império Otomano onde poderia ter professado livremente o judaísmo, se na verdade tivesse sido essa a sua vontade, ou a partir de onde poderia ter ajudado os refugiados judeus da Península Ibérica, Diogo talvez tenha ficado em Antuérpia por causa dos milhões que aí podia acumular.[48]

Apesar de os rabinos terem proclamado que todos os criptojudeus deviam mudar-se para um lugar onde pudessem declarar o seu judaísmo, no caso de Diogo concordaram que ele não cometera qualquer pecado ao permanecer em Antuérpia, apesar de ter de esconder a sua fé.[49]

A empresa dos Mendes funcionava na prática como uma supercompanhia moderna: uma organização privada com fins lucrativos que desenvolvia vários ramos de negócios de grande volume, em vários locais dispersos, através de uma rede de filiais permanentes. Baseados em Lisboa e Antuérpia, respectivamente, os irmãos Mendes criaram também sociedades temporárias com outros mercadores, entre os quais os Affaitati.[50]

Os negócios de Diogo em Antuérpia estenderam-se à Itália, França, Alemanha e Inglaterra, onde os «factores», ou agentes, representavam a firma dos Mendes. Diogo diversificou também o seu capital e colaborou muitas vezes com os Fugger, servindo-lhes de mandatário. O seu entendimento dos lucros potenciais de empréstimos em dinheiro a monarcas em troca de vários direitos de exportação e exploração agrícola, assim como da reciclagem de rotas de mercadorias e dos próprios empréstimos, permitiu à sua empresa sobreviver às crises políticas e fiscais que ocorreram em vários países. Sabe-se que ele emprestou 200 000 florins a um agente português dos Fugger. Na verdade, Diogo emprestou o montante ao rei de Portugal, que, por sua vez, o remeteu ao imperador para este usar na guerra contra os Turcos. A transacção é particularmente notável, visto que naquele tempo o Sultanato oferecia asilo aos judeus da Europa, que eram perseguidos sem dó pelos Habsburgo.

O comércio medieval, em especial a sua organização no ultramar, desenrolava-se geralmente através de vários tipos de parcerias. Estas envolviam parceiros ocasionais para transacções isoladas mas também empregados permanentes nos países designados, responsáveis pela gestão eficiente e honesta dos negócios. Era não só conveniente, mas também necessário, escolher correligionários para tais parcerias. Alguns eram conhecidos da terra, outros recomendados por amigos em terras distantes. No final de contas, as comunidades mercantis foram sempre multiétnicas e multirreligiosas, e muitas vezes quando estavam em jogo empreendimentos de grande importância, existia uma colaboração notável entre os diferentes grupos étnicos e religiosos. Entre os conversos, tal como nas casas reais, onde além da confiança nos negócios havia a confiança privada e pessoal, as empresas e a amizade eram também cimentadas pelo casamento.

A empresa familiar era o modelo natural de associação, na qual participavam não só pais e filhos mas também os genros. Os agentes comerciais – escolhidos com frequência entre os membros da família mais afastada – também faziam parte da empresa e tinham conhecimento das informações confidenciais sobre as suas operações. Os corretores e o escritório de representantes completavam a empresa. Durante a Renascença, em Itália e especialmente no Levante, os vários cônsules ofereciam protecção suplementar. Uma contabilidade sofisticada (de 1000 d.C. em diante) era indispensável em todos os negócios. Esses registos, contudo, não incluíam as comissões dos banqueiros ou os juros que estes recebiam.

Muitos dos colegas portugueses de Diogo eram cristãos--novos. Com o casamento de Filipe e Joana, *a Louca*, e com os Países Baixos sob o domínio de Carlos V, a imigração aumentou progressivamente. Mas, ao mesmo tempo, aumentou também o perigo da Santa Inquisição.

O papel contraditório da Igreja no financiamento de Carlos V realça ainda mais as complexidades da época. Uma vez que os Estados se opunham a ceder mais fundos públicos a Carlos V, o chanceler do imperador, Mercurio de Gattimara, propôs a criação de uma «reserva», alimentada por contribuições da Igreja e dos territórios ultramarinos, e que seria colocada à disposição do imperador em caso de necessidade.[51] Ironicamente, o fundo de apoio às guerras cristãs era administrado por dois judeus, Alonso Gutierrez e Juan de Bozmediano.[52]

A pimenta e a fortuna dos Mendes

Os cristãos-novos foram mais do que uma importante vantagem na vida comercial de Antuérpia. Também se revelaram cidadãos leais nos momentos difíceis, contribuindo de modo visível para a prosperidade e segurança da cidade, assim como para o seu ambiente cultural.[53]

Além dos mercadores e banqueiros, a colónia portuguesa podia também gabar-se de intelectuais como o famoso médico Amato Lusitano e o poeta humanista Diogo Pires de Évora, que escreveu poesia em latim com o pseudónimo Pyrrhus Lusitanus e que mais tarde reassumiu o seu nome judaico, Isaías Cohen. Outro notável cidadão de Antuérpia, Daniel Bomberg, que era cristão, serviu de intermediário na transferência secreta de bens de criptojudeus para a Itália e na re-consignação de bens controlados pelos bancos dos Mendes. Foi também impressor de livros hebraicos.[54]

A pimenta, a principal mercadoria, era monopólio do rei de Portugal, com a família Mendes dominando na prática o comércio da pimenta nos Países Baixos. O monopólio fornecia à Coroa Portuguesa um quarto das suas receitas provenientes das Índias.[55] A transferência de mercadorias tornava-se mais fácil e mais barata de porto para porto: a distância «por barco» entre Antuérpia e Lisboa era de 10 dias, comparada à de 39 dias «por correio». Não admira que o reino de Portugal depressa se visse na dependência da Casa Mendes, líder de um verdadeiro consórcio que beneficiava directamente o rei. O imperador Carlos V, por outro lado, ao governar uma série de Estados e principados, estava envolvido em vários orçamentos e nas suas consequentes dificuldades financeiras.

Em Fevereiro de 1531, Diogo e três outros homens foram presos por suspeita de heresia, a acusação mais fácil e mais perigosa que podia ser feita contra os cristãos-novos. Felizmente os acusados foram postos em liberdade no mesmo dia, graças a um salvo-conduto do imperador que possuíam. Mas em Julho de 1532, Diogo foi novamente detido, acusado de práticas judaizantes e de ter entrado em contacto com os judeus na Turquia; mais especificamente, de ter ajudado cristãos-novos a fugir para Salonica.[56] Foi também acusado de lesa-majestade contra Deus e o imperador.

Diogo só admitiu ter feito negócios com o Império Otomano e ter enviado mercadorias, mas não pessoas, para Ancona e Veneza, argumentando que os portos adriáticos não eram Salonica.[57] Além disso sustentou que, apesar da sua origem judaica, sempre vivera como um bom cristão.

Nesta hora crítica, o papel fundamental da família Mendes no comércio internacional tornou-se bastante claro. A queda da família teria provocado uma perigosa reacção em cadeia na economia. O cônsul português protestou que, com Mendes na cadeia, o seu rei não poderia pagar os 200 000 ducados de ouro aos Fugger em nome do imperador. Simultaneamente, os cônsules de Espanha, Génova, Florença e Luca intercederam em favor de Diogo. O mesmo fez o presidente da câmara de Antuérpia, que citou como exemplo a «Carta de Privilégios». Também vários mercadores invocaram a importância de Diogo para a cidade numa carta ao governo, na qual aludiam à possibilidade de um ataque malévolo contra a família «por parte de concorrentes inferiores».[58]

Os mercadores estavam bem cientes dos ganhos que a cidade retirava da presença de uma família como os Mendes, que «fait d'abonder la place et bourse d'Anvers»*.[59] A carta realçava a honra e a reputação dos cristãos-novos nas suas transacções comerciais. Havia, por conseguinte, muito mais em jogo do que a recaída espiritual de Diogo. Os registos informam que em Setembro de 1532, passadas sete semanas, Diogo foi libertado sob uma caução de 50 000 ducados.[60] As principais acusações contra ele foram retiradas e o processo arquivado. Diogo era novamente um homem livre.

Na altura das primeiras acusações contra Diogo, Francisco estava ainda vivo. No entanto, não existem registos do conhecimento ou do envolvimento da família lisboeta nas

---

(*) «que traz a abundância à praça e bolsa de Amsterdão», em francês no original (*N. R.*)

tentativas de libertar Diogo. Terá Francisco sido avisado da situação precária do irmão, e se o foi, por quem? Terá Francisco contactado o rei português para lhe pedir ajuda, ou será que o cônsul agiu sozinho? Não nos chegaram quaisquer registos do conhecimento ou envolvimento da família lisboeta nas tentativas de libertar Diogo. O próprio Francisco enfrentava momentos difíceis, uma vez que uma Bula promulgada a 17 de Dezembro de 1531 instaurava a Inquisição em Portugal.

A 23 de Maio de 1536 Carlos V revogou as bulas anteriores que confirmavam o estabelecimento do Ofício da Inquisição. Os cristãos-novos conseguiram assim nova moratória; mas todos sabiam que estavam apenas a ganhar tempo. Apesar de o primeiro auto-de-fé ter sido realizado em Lisboa em 1540, o criptojudaísmo prosperava, não só na capital portuguesa, mas também em Évora, Coimbra, Tomar, Lamego e no Porto.

A mudança para Antuérpia

O mais provável é que tenha sido ainda Francisco Mendes a iniciar os preparativos da mudança para Antuérpia, já que a Inquisição começou a funcionar em Portugal nessa altura. Todos os cristãos-novos pressentiram o perigo que se avizinhava. A mudança de Gracia para Antuérpia foi provocada não só pela morte do marido, mas também pela deterioração da situação da família em Lisboa.

O tumulto antijudaico de 1506 em Lisboa ceifou centenas de vidas. Em 1515, quando o rei requereu a introdução da Inquisição em Portugal, para evitar o pior os cristãos-novos haviam tentado negociar com a Igreja. Em 1535 a Inquisição ameaçava mais uma vez lançar-se sobre os Portugueses. Nessa altura, o núncio papal, Marco della Rovere, bispo de Senigallia, ofereceu-se para conseguir que por um pagamento de 30 000 ducados o Papa proibisse as actividades da Inquisição em Portugal. O acordo fracassou porque os cristãos-novos portugueses ricos, que Rovere visitou, entre eles a família Mendes, não conseguiram entender-se sobre a contribuição de cada família. O perigo imediato talvez tenha feito com que Francisco e Gracia pensassem na possibilidade da mudança para Antuérpia.

No dia 23 de Maio de 1536, o Santo Ofício da Inquisição era instaurado em Portugal, baseando-se no modelo espanhol. O facto de Gracia ter deixado Portugal pouco depois da morte de Francisco confirma a ideia de que o próprio Francisco iniciara os preparativos para a mudança. À data da sua morte estavam a ser executados os seus planos.

O fiasco das negociações serviu de estímulo imediato à partida de Gracia. Partiu na companhia da filha, da irmã e de dois sobrinhos, João e Bernardo, embora seja possível que os rapazes tenham ido mais tarde. João (Zuan) Miykas (Miques), mais tarde conhecido por José Nasi, era filho do irmão de Gracia, o famoso médico. José Nasi viria a ser o sócio mais importante da empresa de Gracia. Terá nascido em 1524 e o irmão dois anos depois.

Francisco queria salvar a família e a fortuna das garras do Santo Ofício, mas faleceu antes de poder concretizar os seus planos. Após a morte do irmão, Diogo conseguiu passagens para Antuérpia e um salvo-conduto via Inglaterra para Gracia, Reyna (a filha mais nova de Gracia) e Brianda (irmã de Gracia). O salvo-conduto não incluía os nomes dos sobrinhos.

Não existem provas de que a família tenha de facto passado pela Inglaterra; nem tão-pouco se sabe quanto tempo terá durado a sua estadia.[61] Em todo o caso devem ter seguido um dos itinerários tradicionais a partir de Lisboa. A maior parte dos cristãos-novos viajava para Antuérpia de barco, parando em Inglaterra ou, na tentativa de evitar suspeitas, passando pela Madeira. Uma carta do presidente da câmara de Antuérpia datada de 14 de Agosto de 1537, dirigida a Cromwell, incluía o pedido de salvo-conduto para as mulheres da família Mendes.[62] John Husee, amigo de Diogo, ter-se-á encarregado das mulheres durante a permanência destas na Inglaterra.

Quando Gracia se juntou a Diogo em Antuérpia, a situação dos imigrantes lusitanos encontrava-se no seu melhor. Em 1537 os cristãos-novos portugueses receberam o pleno direito de se fixarem em Antuérpia. Além disso, foi-lhes oferecida protecção contra acusações intentadas contra eles noutros países. Em Julho de 1549, porém, Carlos V mudou de estratégia e revogou os privilégios dos cristãos-novos que estivessem a viver nos Países Baixos há menos de seis meses, ordenando-lhes que partissem no prazo de um mês. Um decreto de 30 de Maio de 1550, reiterando a mesma ordem, veio demonstrar que o primeiro não fora cumprido com êxito.

A entrada oficial de Gracia para os negócios da família

Gracia trouxe a sua herança e a da filha para o negócio da família, começando logo a participar nas actividades da firma. De acordo com o testamento de Francisco, a sua fortuna foi repartida entre Reyna, que Gracia representava, e Diogo. Embora o testamento seguisse as tradições cristãs, continha também pormenores que sugerem montantes clandestinos gastos em causas não cristãs. O espírito da obra *De subventione pauperum*, de Vives, há muito que era seguido pelos judeus.

Os talentos empresariais de Gracia, claramente reconhecidos por Diogo, provam que ela adquirira já uma vasta experiência em Lisboa. Talvez tenha gerido os negócios da família durante a doença e após a morte prematura de Francisco. Como não era invulgar as mulheres do século XVI dedicarem-se à actividade comercial e bancária, ainda que a uma escala inferior à dos Mendes, é possível que ela já antes estivesse envolvida nos negócios.

Após a morte de Francisco, as famílias nuclear e alargada juntaram-se em Antuérpia. Mas a mudança para Antuérpia não significou que Gracia passasse a estar sob a tutela do cunhado. Também aqui a família desempenhou um papel duplo, «que advinha não só da sua estrutura patriarcal mas também do seu poder como campo social para classificar as pessoas».[63]

Segundo a tradição judaica, depois da morte de Francisco, Diogo deveria ter casado com a viúva do irmão. Esta prática antiga era especialmente honrada e seguida pelas famílias conversas mais ricas. Além da aspiração religiosa de perpetuar a descendência, havia também o desejo de não dividir a riqueza da família. No entanto, como se veio a verificar, Diogo optou por casar com Brianda, a irmã mais nova de Gracia. Na verdade, a lei judaica sefardita não obrigava Diogo a casar com Gracia, uma vez que a viúva já tinha um descendente vivo.[64]

Poder-se-á deduzir que aos vinte e seis anos Gracia era considerada demasiado velha para dar a Diogo um filho, ou que a irmã Brianda, mais jovem e mais bonita, contrariou simplesmente os planos de Gracia e casou-se com o parente rico de ambas. Há porém uma terceira possibilidade, nomeadamente, que Gracia tenha ela própria combinado o casamento. Partindo do princípio de que representava a irmã, Gracia teria continuado a controlar a herança mesmo depois do casamento de Brianda com Diogo. De qualquer modo, se existiu algum desacordo entre as irmãs por causa do casamento, só muito mais tarde se transformaria numa guerra aberta entre as duas.

A nova família Mendes representava duas linhagens, a de Gracia e a de Diogo, existindo por isso um núcleo duplo. Mas a família conjugal de Diogo não dominava, e muito menos após a morte deste. Como executora testamentária de Diogo, Gracia passou a ser a única autoridade, controlando toda a rede comercial e bancária e sentindo talvez uma obrigação dupla, como irmã mais velha e testamenteira. Além de continuar a envolver-se em todos os negócios e a tomar decisões executivas relativas a grandes empreendimentos comuns, Gracia integrou os primos na firma como aprendizes. João acabou por se tornar a principal força da firma, transformando-a numa das maiores explorações internacionais. Embora os irmãos tivessem participado anteriormente na empresa dos Mendes, só depois da morte de Diogo é que José Miques assumiu uma posição verdadeiramente relevante.

Em termos de «auto-formação» renascentista, a importância de manter a família unida não deve ser sobrestimada. Isso era especialmente verdadeiro para os cristãos-novos que, como judeus secretos, só se sentiam seguros entre os da sua espécie. Os laços económicos que uniam os irmãos às irmãs fortaleciam as ligações que advinham do parentesco. Isso era verdadeiro mesmo para a relação complicada entre Gracia e Brianda, cujo posterior desentendimento financeiro parece ter tido origem no casamento de Brianda com Diogo.

A filha de Brianda do seu casamento com Diogo recebeu o nome de Beatriz – ou Gracia la Chica – confirmando que, pelo menos na aparência, as irmãs continuavam dedicadas uma à outra. O conflito entre ambas surgiu com a leitura do testamento de Diogo e a subsequente indignação de Brianda por causa da sua «privação de direitos».

Contrariamente à tradição asquenazim, os judeus sefarditas podiam dar aos filhos nomes de parentes ainda vivos. Gracia la Chica recebeu o nome da tia, como Reyna havia recebido o de Brianda, cujo nome judeu «Reina» aparece no salvo-conduto das mulheres emitido em Ferrara. Era habitual traduzir os nomes hebraicos para os seus variantes europeus. «Gracia» é o equivalente latino de «Hanna».

Diogo e a acusação de práticas judaizantes

A família Mendes pertencia à elite social de Antuérpia, fora da aristocracia mas com acesso à corte. Em 1539, porém, o Santo Ofício da Inquisição foi instaurado em diferentes zonas do império de Carlos V. Diogo começou a ponderar mudar--se para regiões mais seguras, especialmente depois da nova vaga de perseguições em 1540. Gaspar Lopes, parente e agente de Diogo, fez-se delator na Itália para se salvar de acusações de judaizar. Acusou Diogo do mesmo, e o escândalo subsequente chegou aos ouvidos do imperador Carlos V.

Diogo enfrentava um novo confronto com as autoridades, mas desta vez os magistrados intercederam em seu favor. Durante a sua vida não foram intentadas mais acções contra ele; no entanto, segundo consta, Diogo terá desaparecido durante o ano de 1540. Esta alegação é surpreendente e duvidosa, porque nesse mesmo ano ele celebrou o baptismo da filha na catedral onde se casara com Brianda. Além disso, o seu testamento data do dia 12 de Julho de 1540.[65] Após a morte de Diogo, João foi preparado para assumir o controlo de parte do negócio da família, o que implicava viagens a cidades mercantis, especialmente a Lyon.

O conteúdo do testamento de Diogo surgiu no depoimento para os tribunais (Fevereiro, 1554) de um certo Jean Charles. Escrito em latim, o depoimento foi usado no tribunal italiano como prova de legitimidade da filha de Brianda. O documento foi depositado em Ferrara quando Brianda contestou oficialmente a autoridade de Gracia sobre a sua própria fortuna e a herança da filha.

O testamento público de Diogo foi redigido em francês; o privado, em castelhano. Como se esperava de um homem cristão da sua posição, deixou dinheiro à cidade de Antuérpia: 1600 libras flamengas, juntamente com 100 libras do seu quinhão para os pobres, para a caridade, prisioneiros indigentes, roupa para os nus e dotes para raparigas órfãs.[66]

O testamento privado de Diogo determinava que metade da fortuna da família pertencia a Gracia (e Reyna), enquanto a outra metade, apesar de herdada pela sua viúva e pela filha de Diogo, seria administrada por Gracia, sua cunhada e parceira nos negócios.[67] Brianda só poderia assim dispor do seu próprio dote. A última decisão de Diogo cedo se tornou motivo de grande animosidade entre as irmãs, conduzindo mesmo a calamidades, incluindo a prisão.

Sabe-se que Diogo consultou Gracia acerca do testamento e da disposição dos seus bens. Não se sabe, contudo, se foi a juventude de Brianda ou a inteligência superior de Gracia (ou as duas coisas) que o levaram a decidir que a cunhada devia ser responsável pela gestão de toda a sua fortuna. Diogo nomeou Agostinho Enriquez e Abraão Benveniste para trabalhar com Gracia, mas o nome de Brianda não é citado.[68] Embora compreensivelmente desapontada com o seu papel secundário, Brianda devia ter agradecido os esforços incansáveis de Gracia para manter os bons investimentos e o capital da família.

Depois da morte de Diogo, Gracia conseguiu evitar sozinha o maior perigo para os herdeiros do cunhado. Foram intentadas acções póstumas contra Diogo, destinadas a permitir que a Coroa confiscasse os recursos económicos da família. Embora conseguisse apenas uma vitória parcial, Gracia salvou a fortuna da família ao emprestar 100 000 ducados a Carlos V sem juros.

Alguns historiadores acreditam na relação patrilinear de João Miques à família. Sendo esse o caso, João ter-se-ia tornado tutor de Gracia la Chica, uma vez que os filhos eram geralmente colocados sob a protecção dos parentes patrilineares. Além disso, o facto de os irmãos não terem sido mencionados no testamento de Diogo lança dúvidas sobre essa pretensão de laços de sangue.[69]

A chantagem do imperador

Quando a 16 de Dezembro de 1540 ordenou aos magistrados de Antuérpia que investigassem «todas as pessoas a viver como judeus», assim como todos aqueles que andavam na companhia de judeus ou que os recebiam na cidade, o imperador Carlos V estava de facto a criar um novo instrumento de chantagem, através do qual esperava receber dinheiro dos mercadores judeus ameaçados.[70] Todas as pessoas que puderam fugiram da cidade. A 29 de Dezembro de 1540, um grupo numeroso de homens, mulheres e crianças acusados de práticas judaizantes decidiu abandonar Antuérpia. Pouco tempo depois seriam todos detidos e presos em Milão e Pavia, entre outros lugares.

Segundo Francesco Contarini, o enviado veneziano, o édito viria a render pelo menos 100 000 coroas em subornos ao imperador.[71] A regente, Maria de Hungria, também ela atormentada por constantes problemas financeiros, insistia repetidamente com os mercadores para que lhe emprestassem mais dinheiro.[72]

Em Julho de 1542, Carlos V escreveu ao «Margrave de Antuérpia» dizendo-lhe que a irmã não iria tolerar a presença dos delinquentes.[73] Calcula-se que antes do decreto de Carlos V existissem aproximadamente 500 famílias de cristãos-novos na Flandres. Dessas, cerca de 300 mudaram-se para Veneza, levando consigo perto de 4 milhões de ducados em ouro. (Os pobres não eram tão bem recebidos.)

Depois de 1549 muitos mais judeus emigraram para Veneza, porque Carlos V resolveu expulsar todos aqueles que tinham chegado aos Países Baixos depois de 1542.[74] Diogo morreu no final de 1542 ou início de 1543, mesmo antes de a família poder concluir os preparativos para a mudança.

Para além de chantagear os conversos, acusando-os de «relapsos», Carlos V preparava um plano ainda mais condenável, e com o qual esperava encher os cofres imperiais.

O imperador casamenteiro

O acontecimento seguinte pertence mais ao enredo de uma ópera do que aos anais da realeza. É quase inimaginável, e no entanto verdadeiro, que o soberano de metade do mundo, com a irmã por parceira, pudesse envolver-se (por causa de uma percentagem) na combinação de um casamento entre uma rapariga cristã-nova e um nobre espanhol. Em várias cartas Carlos V instou Maria de Hungria a persuadir Gracia Mendes a favorecer Dom Fernando de Aragão, filho de um homem chamado Núño Manuel e descendente ilegítimo da Casa de Aragão, como futuro genro. O nobre espanhol, um cavalheiro já de certa idade, prometera 200 000 ducados ao imperador se este conseguisse o casamento entre ele e Reyna, filha de Gracia.[75]

Numa carta datada de 28 de Abril de 1544, o Santo Imperador Romano instava mesmo a irmã a viajar até Antuérpia e negociar pessoalmente com a viúva Mendes. Carlos esqueceu-se de dizer à irmã que lhe tinham oferecido uma quantia generosa pelos seus serviços.[76]

Desta vez, porém, Maria de Hungria resistiu: «Je n'ay jamais entendu ny desirez que assistez en cette affaire synon avec dehu honesté et sans user de nulle espèce de contraincte des raisonables»(*) (25 de Maio de 1544). A resposta de Maria apoiava-se menos em sentimentos de decoro do que na decisão cautelosa de não pressionar a classe dos mercadores em assuntos pessoais, uma vez que isso poderia conduzir a consequências económicas negativas. Como alternativa ao casamento, ela recomendava a negociação de mais empréstimos junto da viúva. Atenta ao perigo, quando Carlos pediu a Gracia que fizesse uma visita à irmã, a viúva desconfiada escusou-se firmemente, alegando «débilité et maladie» [debilidade e doença].

Os irmãos régios julgavam que depois da morte de Diogo a Casa Mendes lhes cairia nas mãos como uma presa.[77] Numa comunicação de 9 de Setembro de 1545, fazia-se mesmo referência à filha de Diogo, uma simples criança, afirmando-se que à data do casamento ela iria receber um dote de 400 000 ducados.[78]

A promoção do casamento de Reyna com D. Fernando por parte do imperador foi apenas uma via pela qual os Habsburgo tentaram apoderar-se da fortuna dos Mendes. O julgamento póstumo de Diogo, preparado com tanto vigor, foi outro dos seus empreendimentos com o mesmo objectivo. Uma das alegações contra Diogo baseava-se em boatos que circularam durante a sua vida de que os Mendes tinha gasto grandes quantidades de dinheiro para conseguir retirar a Inquisição de Antuérpia e ajudar os judeus a fugir para o Oriente.[79]

Sentindo-se encurralada pelo imperador e pela regente, no final de 1544 Gracia percebeu que já não podia adiar mais a fuga da família. Levando consigo apenas uma pequena parte

(*) «Sempre entendi e desejei ajudar neste assunto apenas com a mais escrupulosa honestidade e sem recorrer a qualquer espécie de constrangimento ao que seria razoável», em francês no original (*N. R*)

dos seus pertences, as irmãs e as suas filhas partiram para Aix-la-Chapelle (Aachen), aparentemente com o pretexto de desfrutar das termas. Dessa localidade partiram então em segredo numa longa e perigosa viagem até Veneza.

Os registos mostram que foram precisos aproximadamente seis meses para que o desaparecimento das irmãs Mendes de Antuérpia fosse do conhecimento público. O imperador e a regente, porém, foram avisados muito mais cedo; chamaram João Miques à corte de Maria em Chimay para exigir que as mulheres regressassem imediatamente de Veneza, enfrentassem o Conselho de Brabante e fossem julgadas por práticas judaizantes.

João, que em ocasião anterior fizera a sua própria entrada no mundo esplendoroso dos Habsburgo, desta vez compareceu em Chimay para defender a fortuna das duas irmãs.

Convém lembrar que os sefarditas do século XVI constituíam um grupo culturalmente diverso. Os que chegavam ao Império Otomano vindos de África tinham uma instrução completamente diferente daqueles que, muitas vezes como cristãos, tinham frequentado excelentes universidades europeias antes de se decidirem mudar para o Império. Os melhores exemplos são os irmãos Nasi: João Miques que, com o nome Dominus Johannes Micas, se formou a 1 de Setembro de 1542 na Universidade de Lovaina, e o irmão, que, aparecendo no registo como Dominus Bernardus Micas, se formou em Abril de 1540, na mesma instituição. João, nascido provavelmente em 1524, estudou em Lovaina juntamente com o príncipe Maximiliano (1527–1576).

Durante os seus anos de juventude em Antuérpia, João, um peralta de modos impecáveis, tornara-se amigo íntimo e companheiro de boémia de Maximiliano, que mais tarde viria a ser Santo Imperador Romano. João conhecia também Carlos V e tinha acesso à corte de Maria, mas desta vez a audiência seria tudo menos amigável.

Quando as senhoras se recusaram a voltar, Carlos e Maria embargaram-lhes os bens, incluindo 40 arcas cheias de objectos de valor que elas tinham deixado sob guarda em Antuérpia. Outras três arcas – contendo pérolas, jóias e pedras preciosas, descobertas em Füssen, na Alemanha – foram também confiscadas. As autoridades imperiais alegavam que tais apreensões compensavam o facto de, ao deixar Antuérpia, Gracia e Brianda terem deixado a sua mansão desguarnecida, com menos de 10 000 *écus* em móveis e outros objectos confiscáveis. A fuga delas provocou a fúria na corte, que receava que um acto tão descarado servisse de exemplo para futuras fugas de cristãos-novos.

João compareceu em Chimay nos primeiros dias de Abril de 1546. É o seu primeiro acto público registado como representante da família Mendes. Exactamente em que medida João participou nos preparativos conducentes à fuga das tias continua por esclarecer. Na audiência ele afirmou desconhecer o plano das viúvas e apresentou-se não como parente mas agente das irmãs. A regente insistiu em confiscar os bens «daquelas hereges». Uma vez que isso não era possível sem uma audiência perante o Conselho de Brabante, ela queria obrigar as mulheres a voltar. Numa carta escrita a Carlos no dia 6 de Abril de 1546, Maria descreve a visita do jovem.

Representadas por João, Gracia e a irmã apresentaram contra-alegações. Declarando-se súbditas portuguesas, argumentaram que as acções contra elas em Antuérpia eram ilegais. Recusavam-se a fazer a perigosa viagem de volta através dos Alpes, mas diziam que podiam responder como boas cristãs em Veneza. Além disso, João alegava que as viúvas possuíam apenas 15 000 *écus* cada, uma vez que o resto da fortuna pertencia às filhas, demasiado jovens para serem acusadas.

Uma vez que Carlos devia ainda 100 000 ducados às viúvas de um empréstimo de 1543, Miques propôs primeiro outros

200 000 por um ano, sem juros, em troca de um acordo final. Os mercadores de Antuérpia, assim como os Fugger de Augsburg, apoiaram energicamente Carlos V.[80]

A Casa Mendes costumava emprestar dinheiro sem juros ao imperador, mas no seu caso o motivo era essencialmente o medo, o desejo de apaziguar o governante, ou, por outras palavras, de suborná-lo.[81] Mas a verdade é que os mercadores judeus e cristãos-novos eram muitas vezes obrigados a conceder empréstimos sem juros durante dois ou três anos, ao passo que os termos habituais eram de três a seis meses.[82]

Depois de se reunir com João em Regensburg, Carlos V acabou por aceitar 30 000 *écus* de cada uma das mulheres, em vez dos 100 000 ducados que exigira inicialmente. Maria de Hungria, porém, recusou-se a devolver as arcas, alegando que o irmão não tinha o direito de finalizar o acordo sem a sua presença.[83]

João negociou os bens das viúvas com Maria de Hungria e Carlos V durante aproximadamente dois anos. No entanto, quando por fim abandonou Antuérpia, partiu sem um perdão escrito, apesar de se ter oferecido para emprestar a Maria 150 000 *écus* sem juros e 24 000 libras – que Maria em todo o caso já havia gasto. Mas pelo menos as acusações de práticas judaizantes foram retiradas.

Entretanto João continuava a cuidar dos seus próprios interesses financeiros. Sozinho ou como representante de Gracia, entre 1543 e 1544, Miques – juntamente com os irmãos Affaittati, os Quintanadmenas e outros comerciantes – manteve um próspero negócio de importações com a França, onde os investidores partilhavam os lucros, supostamente em partes iguais.[84] Depois de partir para Veneza a 10 de Março de 1548 [85], João fez uma breve paragem em Lyon, onde é referido como «banqueiro».[86] A estada de João em Lyon teria grandes repercussões sobre os seus planos posteriores. Os seus futuros negócios na Turquia iriam incluir a importação e domesticação de bichos-da-seda, para imitar e fazer concorrência à indústria da seda de Lyon.

Anteriormente à sua mudança clandestina, Gracia já havia estabelecido fortes laços económicos com a Itália. Em 1543, os «Mendes, héritiers de Diego» aparecem na lista dos exportadores para a Itália.[87] Na mesma altura um «J. B. Nazi» é registado como tal.[88] A mudança clandestina para Veneza aproximava a família Mendes do seu destino final.

IV

Gracia em Veneza

Bruxelas, Aix-la-Chapelle e Lyon foram as etapas que, uma a uma, conduziram as viúvas e a sua comitiva aos Alpes, que tiveram de atravessar para chegar à Itália. Para se desviarem das habituais rotas comercias via Augsburg, é provável que tenham passado por Milão, onde uma pequena comunidade de cristãos-novos era conhecida por prestar assistência a esse tipo de viajantes. Gracia e Brianda chegaram a Veneza, «La Serenissima», em princípios de 1546.

Veneza tinha uma antiga comunidade de judeus, de origem alemã e oriental, além de uma numerosa colónia de cristãos-novos composta por aqueles que tinham chegado no final do século XV e nas primeiras décadas do século XVI. O relacionamento entre venezianos e judeus, contudo, não era tão harmonioso como muitos historiadores têm afirmado. A primeira vaga de imigração judaica levou à aprovação de leis anti-semitas. Por exemplo, já em 945, os judeus eram impedidos de usar barcos venezianos. Em 1424, no final da Idade Média, os judeus não estavam autorizados a possuir propriedades e os legisladores proibiram-nos de ter relações sexuais com cristãos. As escolas de dança e de música judaicas foram abolidas em

1443, os jogos de azar em 1457 e novamente em 1506. No entanto, em 1464, legislação respeitante à residência de judeus em «La Serenissima» reconhece já uma presença judaica. Em 1480 realizou-se um auto-de-fé, com a morte na fogueira de três judeus alegadamente envolvidos no caso do homicídio ritual em Trento, em 1475. Ainda assim, depois disso os ânimos devem ter serenado. Em 1492 faz-se referência a uma «congregação» judaica. Em 1496, muito provavelmente como resposta antijudaica à crescente emigração provocada pela Expulsão, os judeus foram obrigados a usar chapéus amarelos (em 1500, sem qualquer explicação, uma nova lei tornou obrigatórios chapéus vermelhos em vez de amarelos). Assim, não é por acaso que em 1497 surgem as primeiras directrizes sobre como identificar os «marranos» e sobre que grau de consanguinidade judaica constituía um verdadeiro judeu.

Em 1503 e 1511 foram feitas várias tentativas para expulsar os cristãos-novos. É contudo importante recordar que embora o judaísmo não constituísse em si uma heresia, os cristãos-novos que regressassem ao judaísmo eram considerados os piores dos apóstatas.

Uma mudança de atitude surge em 1516, com a criação do «Ghetto Nuovo».[89] Depois de começarem a viver entre os muros do gueto, os judeus tornaram-se quase residentes permanentes. Em 1529, é inaugurada no gueto a Scuola Grand Tedesca, a primeira sinagoga.

Este novo tipo de segregação trazia mais segurança. Acarretava também um privilégio virtual que ocasionou uma mudança de mentalidade entre os judeus, devido às suas vidas sedentárias e urbanizadas. Os judeus viam os cristãos como os «outros», assim como eles próprios tinham sido considerados «outros» pelo mundo cristão. Embora encarados com desdém, os judeus autóctones e estrangeiros participavam em pleno na vida quotidiana de Veneza. No passado, os mercadores do

Norte tinham usado os judeus autóctones do «Fondaco» para representá-los nos negócios com os comerciantes cristãos. Este tipo de contradição estendia-se a outras actividades. Os médicos judeus e conversos eram bastante procurados, apesar de as suas licenças serem periodicamente anuladas, para pouco depois serem concedidas de novo. «Existem muitos judeus portugueses de chapéu vermelho no Gueto que em Portugal eram padres cristãos», declarou um eclesiástico veneziano perante o tribunal local.[90]

Os judeus do Levante começaram a fixar-se em Veneza sobretudo depois da guerra turca de 1537–40. Ficavam normalmente no Ghetto Vecchio (criado em 1541) onde recebiam uma autorização de residência de 4 meses, que mais tarde passou a ser de 24 meses. Em 1550, os banqueiros e usurários judeus foram também autorizados a fixar-se na cidade, durante um tempo limitado.

Existiu um intercâmbio animado, embora nem sempre amigável, entre os cristãos e os judeus de Veneza durante esse período. Por exemplo, em 1567, Salomão Usque (Salusque Lusitano, 1530–96) traduziu Petrarca para o castelhano e dedicou a obra a Alessandro Farnese, príncipe de Parma. Escreveu também a peça *Esther* (em co-autoria com Lorenzo Gracian), levada à cena no teatro do gueto em Veneza.[91]

Até à Renascença poucos judeus haviam mostrado interesse na visão do mundo das comunidades cristãs à sua volta. Mas quando a cultura cristã se voltou para a antiguidade e para fontes como a Bíblia em hebraico, os judeus dos guetos tornaram-se um manancial de informações de fácil acesso. Muitos humanistas visitavam os guetos e até participavam nos estudos do Talmude. Isso acontecia sobretudo em Veneza, onde os intelectuais da cidade mantinham diálogos com sábios e rabinos judeus. A filosofia de Platão, divulgada pelos refugiados de Constantinopla, exprimia a tolerância para com todas as religiões. As características universais que ligavam as religiões eram também investigadas por alguns estudiosos judeus. Novas confrarias judaicas analisavam conceitos religiosos e abriam-se a novas ideias. Giovanni Pico della Mirandola, Marsilio Ficino e Franceso Zozi (este último especialista em assuntos judaicos) chegaram mesmo a comparecer perante o Senado para debater algumas questões comuns. Além disso, os humanistas da cidade usavam as bibliotecas dos judeus.

Segundo o registo de 3 de Abril de 1531 do seu diário, Mario Sanudo, estadista e cronista veneziano, na companhia de outros cristãos, participou em representações teatrais no gueto muito antes de a peça de Usque ter sido encenada. Sanudo escreve que «in geto fu fato tra zudei una bellissima comedia, ne vi pote' intrar alcun cristiano di ordine di Cavi di X, et la compitano a hore 8 di notte».[92]

A caracterização e representação dos judeus e «marranos» nas comédias italianas da época, recheadas de estereótipos de todas as camadas sociais, ajudam-nos a conhecer as atitudes dominantes para com os judeus. Nas representações teatrais a palavra «ebreo» constituía sempre um insulto e «marrano» simbolizava invariavelmente a falsidade. Os banqueiros judeus ou conversos surgiam normalmente nos enredos relacionados com «um jovem nobre mas pobre» que, devido à avareza do pai, era obrigado a colocar-se à mercê dos primeiros.[93] No entanto, dentro do género, a história do sofrimento dos judeus também acaba por emergir. A *Comedia sine Nomine*, de autor anónimo, publicada em Florença na Giundis em 1574, relata a fuga atribulada de uma família de «marranos» de Barcelona para Florença, revelando também muito sobre as condições daquela cidade-estado.[94]

É importante salientar que embora existisse um preconceito feroz contra os judeus «contemporâneos», as personagens claramente baseadas em judeus da Bíblia eram alvo de admiração e respeito. Em suma, os judeus do Antigo Testamento eram venerados, enquanto os verdadeiros residentes judeus ou cristãos-novos eram insultados. (Isso também se passava na Inglaterra, onde supostamente a população não terá conhecido judeus antes do governo de Cromwell, e onde o público construía a sua própria imagem do judeu mais a partir da literatura do que da experiência ou da memória).[95]

Quando a 23 de Julho de 1550 um novo édito de expulsão foi promulgado em Veneza, ordenando os conversos a partir no prazo de dois meses, o embaixador francês, de Morvilliers, explicou que «peggio che gli hebrei perche non sono ne christiani ne giudei»(*).[96] Retrospectivamente, parece que o édito provocou mais pânico do que uma verdadeira mudança na política veneziana. É importante lembrar que as tentativas de expulsar os conversos eram na verdade sabotadas pelos mercadores cristãos. Tornou-se evidente que se os magistrados e mercadores venezianos quisessem negociar com o Levante, teriam de contar com os homens de negócios e comerciantes judeus e conversos, que além de ocuparem posições centrais no Mediterrâneo Oriental, tinham também o apoio da Porta Otomana.

Em 1552 a comunidade judaica de Veneza compreendia 902 indivíduos, autorizados a professar a sua fé em relativa liberdade. A primeira edição do Talmude em Veneza data de 1551, mas mesmo em 1553 a obra era ainda queimada em público. A atitude liberal terminara. O medo do protestantismo (em especial do anabaptismo) contribuiu também para a destruição pelo fogo de livros sagrados judaicos em Veneza e em algumas outras cidades- estado italianas. Uma bula papal de 1555, *Cum nimis absurdum*, segregava e confinava todos os judeus aos guetos.[97]

(*) «piores do que os judeus porque não são cristãos nem judeus», em italiano no original (*N.R.*)

As viúvas Mendes devem ter chegado a Veneza antes de Julho de 1546, porque foi desta cidade que enviaram 18 000 *écus* a João para facilitar as negociações que este encetava com Carlos V. A caminho de Veneza, Gracia e a irmã passaram algum tempo em Lyon, a capital da seda da Europa, onde, segundo parece, Gracia negociou um empréstimo com o rei Francisco I e se inteirou dos negócios dos Mendes, iniciados anteriormente pelo sobrinho. Quase dois anos depois, a caminho de Veneza, João fez uma paragem em Lyon e voltou a visitar os parceiros comerciais dos Mendes.

As irmãs receberam um salvo-conduto do Conselho dos Dez a 22 de Março de 1544, autorizando-as a fixar-se em Veneza: «Le Mendes ottenero fin dal 22 marzo del 1544 un salvacondotta del Consiglio dei Dieci che garantira a loro e al loro seguito per un massimo di trenta persone... salve, libere et secure si le persone com gli beni et trattate alla stregna degli altri abitanti della città»(*).[98] Quando as viúvas Mendes se instalaram em Veneza, a maioria dos judeus já residia no Gueto, enquanto a zona do Rialto era o domínio dos cristãos-novos.

Recém-chegadas de Antuérpia, deixando para trás um imperador furioso, Gracia e Brianda levaram uma vida luxuosa como senhoras cristãs-novas, embora sob a ameaça e vigilância constantes da Inquisição. O clero desconfiava tanto dos cristãos-novos como dos judeus, de quem o cardeal Priuli dizia: «A traição fraudulenta dos judeus deve ser mais temida, porque estes são inimigos internos que podem tratar com qualquer pessoa simples e ignorante».[99]

Alguns anos mais tarde, outra declaração exprimia sem rodeios os sentimentos dos venezianos para com os cristãos-

---

(*) «As Mendes obtiveram a 22 de Março de 1544 um salvo-conduto do Conselho dos Dez que lhes garantia, e ao seu séquito - para um máximo de trinta pessoas - protecção e segurança, para pessoas e bens no seu trato com os outros habitantes da cidade.», em italiano no original (*N.R.*)

-novos em geral e a família Mendes em particular: «Todos os que descendem de pais judeus chamam-se cristãos-novos. No tempo do rei D. Manuel I foram obrigados a converter-se ao cristianismo. Desses, na sua maior parte, vêm as pessoas na Itália, que nós chamamos marranos. As cidades da Itália estão repletas deles, e o tratante João Miquez vem dessa gente execrável e inconstante».[100]

A Inquisição, reactivada em Veneza na década de 40 do século XVI, foi reestruturada para incluir três poderes diferentes empenhados em erradicar a heresia. O núncio, o inquisidor e seus delegados representavam a autoridade central dentro da Igreja; o patriarca de Veneza (e o seu vigário) detinha a autoridade da diocese; e três nobres defendiam o interesse do Estado. A colaboração entre a Inquisição e o Estado manifestava-se no facto de o núncio e seus colegas aceitarem *assistenti* leigos. Na opinião dos ortodoxos, os próprios Venezianos não se mostravam muito dedicados à sua religião. «Semo Veneziani e poi Christiani»[(*)] era o que se dizia entre os refugiados gregos que se haviam instalado em Veneza.[101] Talvez essa fosse mais uma razão para que a Igreja envolvesse os leigos no trabalho da Inquisição. Os três aparelhos de poder, que noutras circunstâncias competiam entre si, e no seio dos quais eram os leigos que mostravam maior fervor, colaboravam para combater os hereges.

A situação em Ferrara e Mântua

Enquanto Veneza apenas tolerava os judeus, Ferrara e Mântua chegavam mesmo a ser hospitaleiras. Há indícios de que já em 1088 residiam judeus em Ferrara, mas a primeira prova documental de imunidades legais concedidas aos judeus

(*) «Somos Venezianos e depois cristãos», em italiano no original (*N.R.*)

nos territórios dos Este data de 1275.[102] Existia um cemitério judaico desde 1452 e os judeus, de uma maneira geral, não eram hostilizados em Ferrara. Os tribunais muitas vezes moderavam e truncavam as prédicas antijudaicas, apesar de os serviços financeiros que os judeus prestavam aos duques naquela cidade serem provavelmente os mesmos que prestavam em lugares onde não recebiam qualquer protecção. Em 1492 os judeus encontraram asilo em Ferrara e chegaram mesmo a construir uma sinagoga. Em 1538 o asilo foi alargado aos cristãos-novos de Portugal, e em 1540 aos de Milão. Em Ferrara foram concedidos privilégios formais aos judeus espanhóis e portugueses. Veneza «era um lugar onde eles se detinham temporariamente e se disfarçavam, vivendo ainda como cristãos, mas liquidando aos poucos os seus negócios na Europa e estabelecendo novas e vantajosas relações no seio do mundo judeu».[103] A mudança de Veneza para Ferrara era por isso lógica e sedutora, constituindo mais um passo a caminho do Levante.

Muitos dos judeus que se haviam mudado para Ferrara iam com frequência a Veneza em negócios. No entanto, parece que durante algum tempo Gracia e Brianda fizeram precisamente o contrário: viviam em Veneza como cristãs e iam a Ferrara em negócios. Mesmo que «grande parte dos bens da família já tivesse sido transferida» para a Turquia, teriam sido precisos pelo menos dois anos para realizar tamanha mudança.[104] Assim, o período de tempo entre Agosto de 1549 e Agosto de 1552, quando Gracia finalmente partiu para o Império Otomano, parece bastante razoável.

Em Veneza, Gracia dava pelo nome de «Beatrice de Luna».[105] É possível que o ilustre nome comercial Mendes aliado à notoriedade provocada pela fuga de Antuérpia tenham influenciado a decisão das viúvas de voltar a usar os nomes de solteiras. Na correspondência com Ragusa, os funcionários locais e os próprios agentes da família referem-se a Gracia como «Beatrice [ou Beatrix] de Luna». Isso talvez explique por que razão conservou o nome Luna mesmo depois de abandonar Veneza e na passagem por Ragusa a caminho de Constantinopla. É também possível que «de Luna» fosse o nome que Gracia usava no «contexto cristão» e que o tivesse mantido nas suas operações comerciais com os Balcãs, mesmo depois de se ter declarado judia e começado a chamar-se Gracia Mendes ou Gracia Nasi.[106]

Os negócios da família Mendes conservaram a sua dimensão internacional mesmo após as duas mulheres terem deixado Antuérpia. Enquanto viveu em Veneza, Gracia dedicou-se activamente ao comércio, inclusive com Florença, possivelmente através do mercador Luca degli Albizzi, com quem havia trocado correspondência.[107] Albizzi era conhecido por servir de intermediário aos judeus do Levante. Em «La Serenissima» Gracia também se envolveu com a família Priuli. Quando António Priuli abriu falência e teve de fechar o seu banco, o seu filho, Girolamo, devia a Gracia 30 000 *scudi*.

Desavença entre irmãs

Os preparativos morosos e cuidadosos de Gracia para uma transferência final para a Turquia foram interrompidos pelo conflito inevitável com Brianda. A disputa em torno da herança antecipou a decisão de Gracia de abandonar Veneza e teve consequências graves para ambas as mulheres. Em Veneza, Brianda decidiu finalmente que queria administrar os seus bens e os bens da filha. A tutela da irmã era uma chaga antiga, que a inquietava desde a abertura do testamento de Diogo em Antuérpia. É possível que o plano secreto de Gracia de se mudar para Constantinopla tenha conferido especial urgência às exigências de Brianda. Embora não gozasse de boa saúde, Brianda levava uma vida agradável e satisfatória em Veneza, não querendo acompanhar a irmã em mais uma aventura arriscada. Enquanto Brianda pretendia a autonomia no tocante à sua parte da herança, Gracia queria transferir os bens de ambas e mudar-se para a Turquia. Esse desacordo agravou o conflito entre as irmãs.

Inesperadamente, Brianda resolveu enveredar por um caminho perigoso. Esperando retirar a Gracia a tutela da filha, optou por explorar sentimentos antijudaicos e denunciou oficialmente a irmã, acusando-a de judaizar em segredo e planear fugir para a Turquia.[108] A acusação de Brianda levou à detenção de Gracia e a um embargo sobre os bens de ambas. A este respeito, existe contudo uma questão por resolver: porque terá a Inquisição prendido Gracia quando a punição habitual para estrangeiros suspeitos e indignos era retirar-lhes o salvo-conduto, como aconteceu mais tarde a Brianda, que desfrutava do mesmo salvo-conduto que a irmã? Muito provavelmente o motivo foi de novo a riqueza da família, que o governo veneziano esperava confiscar. A prisão de Gracia deve ter estabelecido um precedente invulgar. A própria Brianda deve ter despertado suspeitas, uma vez que tanto a filha dela como a filha de Gracia foram internadas à força num convento pelo núncio papal.

Entretanto Brianda tentou transferir os seus bens venezianos para Lyon «ou qualquer outro entreposto comercial francês».[109] Para se certificar de que a irmã também aí não pudesse interferir, Brianda contratou um agente cristão que denunciou Gracia em França. Embora conseguisse colocar os bens de Gracia sob embargo em Lyon, a estratégia de Brianda virou-se contra ela. O agente revelou-se ganancioso e denunciou Brianda, declarando que também ela judaizava em segredo. Consequentemente, o dinheiro de Brianda foi também confiscado. Mais uma vez, vários governos e a Igreja juntaram-

-se na tentativa de confiscar as fortunas das viúvas sob o pretexto de estarem a defender a Fé.

Escusado será dizer que a relação entre as irmãs se deteriorou sob estas pressões e que o caso foi a tribunal. Gracia acabou efectivamente por perder. Foram pronunciados dois veredictos distintos no caso da herança: um pelo tribuno encarregado de julgar causas civis entre estrangeiros residentes («Giudici al forestieri»); outro pelo tribunal. Ambas as sentenças (uma pronunciada a 15 de Setembro de 1547; a outra a 15 de Dezembro de 1548) foram proferidas contra Gracia, ordenando-a a depositar metade da fortuna da família na Zecca – tesouro público de Veneza – até a sua sobrinha e protegida, filha de Brianda, atingir a maioridade (decisão que tornou Gracia la Chica um dos melhores partidos da Europa!). Entretanto Brianda exigiu a sua parte na herança. Em resposta, Gracia enviou os seus agentes para proteger os seus bens estrangeiros em Lyon e noutras cidades, pedindo às autoridades desses lugares que ignorassem os veredictos pronunciados contra ela.

Impossibilitada de fazer negócios em Veneza, Gracia mudou-se em segredo com Reyna para Ferrara. O governante dessa cidade, Hércules II de Este, seguindo o exemplo do avô, do pai e também da esposa, Renée de França, filha de Francisco I, recebia com prazer judeus e cristãos-novos.

É muito provável que ainda antes de tudo isto, mas sem dúvida em Veneza, Gracia tenha regressado discretamente ao judaísmo. Seria por isso lógico que em Veneza, ao necessitar de protecção, Gracia se voltasse para a Turquia. É possível, contudo, que os seus perigos imediatos fossem económicos e não pessoais. Um tratado de 1524 decretou que os súbditos otomanos estavam autorizados a fazer comércio – isto é, a transportar mercadorias – entre Veneza e os Balcãs. Uma oportunidade destas não teria passado despercebida a uma mulher de negócios tão astuta como Gracia. Esse tratado significava também que se fosse viver para a Turquia, Gracia poderia salvaguardar a sua fortuna transportando-a com ela.

Em Veneza, pela mesma razão (mas também por receio de ser reenviada para Antuérpia), Gracia insistira em declarar-se súbdita portuguesa. Beccadelli, na altura núncio papal, receava «a perda para a Cristandade, se tamanha fortuna, produzida entre nós, fosse parar às mãos dos infiéis».[110] O núncio exprimia correctamente os verdadeiros sentimentos dos governantes cristãos: sempre que tentavam obter a fortuna dos Mendes, os estados cristãos conferiam a esse empreendimento um carácter religioso. Henrique II, Carlos V e a Inquisição de Veneza partilharam todos o mesmo objectivo: a fortuna das «herdeiras de Francisco e Diogo Mendes».[111]

O mais provável é que Gracia tenha estabelecido contacto com o sultão de forma indirecta e em grande segredo. Não é de admirar, por isso, que a chegada de um enviado extraordinário para ajudá-la na mudança tenha gerado fortes especulações. O aparecimento do «Chaus» Sīnan (*chaus* era o título dos mensageiros do exército otomano), inoportunamente planeado, em vez de ajudar veio prejudicar a causa de Gracia. Segundo consta, ela terá tentado adiar a chegada do *chaus*, chegando mesmo a enviar mensagens com esse fim para Constantinopla; mas o enviado já vinha a caminho.

A família Mendes estava habituada a tratar dos seus assuntos de uma forma mais discreta: encontrava sempre maneira de comprar os seus privilégios, através do negócio ou do suborno, mas sempre em privado e em segredo. Neste caso não o conseguiu. Provavelmente, a pedido de Moisés Hamon, primeiro médico do sultão, o «grão-turco» declarou que as irmãs Mendes eram suas súbditas, encontrando-se por isso sob sua protecção. Não terá sido essa, com certeza, a primeira vez que o sultão ouviu falar de Gracia, ou mesmo do seu desejo de emigrar. É também possível que Hamon tenha tornado bastante claro que a transferência da fortuna dos Mendes para a Turquia seria muito vantajosa para o comércio e a economia do império.[112]

Segundo Morvilliers, o embaixador de Veneza, o enviado turco tinha apenas uma tarefa: levar Gracia e a filha para Constantinopla.[113] Fosse qual fosse a razão que levara o *chaus* Sīnan a Veneza, Gracia e Reyna já lá não se encontravam, tendo-se mudado para Ferrara. Essa mudança deve ter sido quase uma fuga, porque o salvo-conduto de Ferrara (que por acaso também incluía o nome de Brianda) data apenas de 12 de Fevereiro de 1550.[114] Nessa altura Brianda recusara-se a juntar-se à irmã em Ferrara ou a acompanhá-la na viagem para Constantinopla.

Já que se encontrava em Veneza, o *chaus* Sīnan ofereceu-se para servir de mediador entre as irmãs. A 12 de Junho de 1552, Nicolas de Molino, magistrado de S. Marcos e representante de Gracia, e Andrea Contartini, representante de Brianda, assinaram um acordo perante o notário Paolo Leoncini. As irmãs assinaram também o acordo (Brianda fê-lo em nome da filha). Alguns dias depois o documento foi ratificado pelo Senado. Cem mil ducados de ouro foram depositados na Zecca, em nome de Gracia la Chica e com data de expiração a 29 de Março de 1553. A data é digna de nota, visto que calha bem antes do décimo oitavo aniversário da rapariga, que ocorreu em 1558. Brianda recebeu 18 123,5 *écus* de ouro italianos para o dote da filha, e os juros que vencera para a educação da mesma, enquanto fosse menor. Em troca Brianda devia retirar todas as queixas contra a irmã, contra João Miques e contra os agentes destes em Lyon, Paris, Veneza e Florença. Tinha também de reconhecer que Gracia e a filha eram livres de se deslocar para onde quisessem.[115]

O alegado rapto

Para além da acção em tribunal, os membros da família Mendes viram-se envolvidos num episódio bastante improvável, próprio de uma farsa. Segundo os registos, em Janeiro de 1553, João seduziu ou raptou Gracia la Chica, a filha de treze anos de Brianda. Depois de um casamento católico, realizado em segredo, os dois fugiram, alegadamente com o intuito de chegar a Roma.[116]

Um enredo mais provável para a história do rapto ter-se-á desenrolado da seguinte forma: Gracia e os seus factores, Agostino Enriques e Odoardo Gomes, que Diogo nomeou co-testamenteiros, opunham-se à permanência de Gracia la Chica em Veneza e ao seu casamento com alguém que não fosse cristão-novo. Aparentemente, um jovem aristocrata de Veneza já tinha andado a fazer a corte à rapariga. Os agentes de Gracia tentaram primeiro convencer Brianda a mudar-se para a Turquia e pressionaram-na a tomar uma decisão. Tentaram também anular o acordo segundo o qual Gracia la Chica receberia o seu dote de 100 000 ducados quando completasse quinze (!) anos. Por fim, esperavam ver adiado o casamento da rapariga com o peralvilho veneziano; mas antes que isso pudesse ser negociado, João decidiu raptar a rapariga e, «con consensu della donzella», fugiu numa barca rumo a Ferrara.

O casal e os seus haveres tiveram de atravessar o Estado papal. Foram detidos em Faença e levados para Ravena. Aí, no interrogatório, João declarou que o casamento tinha sido consumado. Graças às suas ligações, João e o irmão, que tinha acompanhado o casal, acabaram por ser libertados. O noivo logo se escapuliu, abandonando a jovem esposa na estalagem da vila, à guarda das autoridades locais.

Os nobres venezianos ficaram furiosos quando souberam da notícia. No dia 21 de Janeiro de 1553, apareceram cartazes e avisos por todas as praças e edifícios públicos da cidade informando a população do rapto da rapariga e dos nomes dos culpados. No dia seguinte, o mensageiro de Veneza chegou com uma autorização papal para a captura do autor do rapto e o resgate da vítima, roubada a uma «mãe desesperada». Os pormenores do escândalo circularam por Veneza, por toda a Itália e chegaram a França. A 15 de Março, o Conselho dos Dez reuniu-se oficialmente e iniciou o julgamento da causa «contra João Miquez Portugais absent mais legitiment cite».[117] João e os seus cúmplices foram condenados à morte *in absentia*; ao mesmo tempo, o Conselho prometia uma recompensa generosa a quem ajudasse a capturar os fugitivos.

Oferecia-se um prémio de 2 000 ducados pela captura de João, 1 500 pela prova da sua morte e uma pensão anual vitalícia de 200 ducados ao seu captor ou executor. Uma vez que o réu se encontrava fora do alcance do Conselho, foi aprovado um parecer para cobrir a eventualidade de ele não ser capturado: João foi banido para sempre de Veneza, e se alguma vez regressasse, seria enforcado entre as duas colunas da Praça de S. Marcos. Uma segunda recompensa de 2 000 ducados foi oferecida pela captura do irmão, Bernardo (Samuel) Miques, acusado de incitamento ao crime. Rodrigo Núñes, agente de Brianda, foi também condenado à forca *in absentia*, por alegadamente ter ajudado os raptores. Quando capturado seria enforcado, decapitado e esquartejado. A mesma recompensa de 2 000 ducados era oferecida a qualquer pessoa que conduzisse o Conselho ao seu esconderijo. Os transgressores menos importantes, como Aleandro Calado e Fernando Rodriguez, foram condenados a pagar 500 ducados cada um. As penas, assim como os prémios, seriam pagos com dinheiro confiscado ao réu e à sua família.[118]

Existem muitos pormenores nesta aventura que não são razoáveis. Um deles é uma carta, datada de 18 de Março de

1553, dirigida ao imperador. Nela faz-se referência a Brianda, que declara que, embora desejasse permanecer em Veneza e aí viver como boa cristã, hesitaria em dar a mão da sua filha em casamento a João Miques, esse grande cavalheiro, «mucho hidalgo y rico y que esta ciudad vivia de cabalerro», ou ao filho de um nobre veneziano. Esta informação vem incluída numa longa comunicação do embaixador Dominique de Gaztelù. Aparentemente Gaztelù também terá tido conhecimento de que o casamento da jovem Gracia fora celebrado e consumado em Ravena e que a jovem esposa pedira ao conde de Roma para que o seu casamento fosse aceite como válido. Gaztelù reparou, com perspicácia, que o Conselho dos Dez se negara a esperar pelo fim do interrogatório da jovem, tanto na pressa de confiscar o dote, como por pudor.[119]

Entretanto, João Miques, que terá ficado a viver em Roma até 1553, continuou a pedir ao papa que validasse o seu casamento. Em 1565 os Venezianos apontam-no como residindo na Turquia à altura do seu banimento. Contudo, o processo contra João e a família Mendes manteve-se até 1555.[120] Tornou-se ainda mais complicado quando Tristão da Costa, agente de Brianda, acusou Duarte (Odoardo) Gomes e Agostino Enriquez, agentes de Gracia, de práticas judaizantes.

Devido às suas relações com muitos sectores da sociedade veneziana, Duarte Gomes, antigo médico de Gracia e seu representante comercial em Veneza, e o sócio dele, Agostino Enriquez, ouviram dizer que eram objecto de investigações secretas por parte do Santo Ofício. Tomando a iniciativa, apresentaram-se perante a Inquisição para proclamar a sua inocência.[121]

Inquisição por procuração

O processo da Inquisição exigia que as instruções fossem dadas em latim (e geralmente isso era cumprido), descrevendo as circunstâncias particulares do réu e das testemunhas. Era feita uma distinção entre informações prestadas voluntariamente e aquelas obtidas através de respostas a perguntas. Assuntos triviais eram também anotados: por exemplo, quando é que a transpiração despontava na testa do interrogado, ou que blasfémias eram proferidas durante o processo.[122]

Gomes apresentou as suas próprias testemunhas para confirmar o seu cumprimento rigoroso do cristianismo. (Os nomes dos dois arguidos nas Actas aparecem como Odoardo Gomez e Augustinus Enriches.) Foram convocadas testemunhas de várias cidades-estado. Entre elas, o «doctor Fernando Mendez» de Florença, descrito como «auditor de Rota <nome> e christiano Porthogese», testemunhou em favor de Gomes.[123] Outra das testemunhas abonatórias de Gomes declarou que Odoardo acendia uma vela perante a imagem da Virgem nos dias santos e aos sábados.[124]

Enriquez apresentou testemunhas de Ferrara que juraram que em casa ele possuía «imagens do Salvador, Maria e outros quadros cristãos». Ficamos a saber que Gomes tinha três irmãos, um dos quais, Thomaso, foi agente comercial de Gracia e serviu também como embaixador de Ferrara em Veneza (a partir de 2 de Julho de 1550). No entanto, à data do julgamento de Gomes, os três irmãos viviam em Constantinopla e usavam os seus nomes hebraicos: Abraham, Ioseffo e Iona.[125]

Ficou registado nas Actas que Gomes e Enriquez viviam «contra' de Santa Maria Formosa al ponte del Anzelo», e alguém informou a Inquisição que tinha visto judeus entrar na residência. No interrogatório, foi declarado que antes de Gracia deixar Veneza, a família vivia num «palácio Gritti» (não o mesmo tão conhecido actualmente). Os membros da família eram referidos como «spagnoli mercanti», o que revela que apesar de reivindicarem a cidadania portuguesa, a Inquisição tinha conhecimento da sua ascendência judeo-espanhola. No dialecto popular da época, «mercanti» era outra palavra para judeus.[126]

A 3 de Agosto de 1555, no decorrer dos interrogatórios, Gomes declarou que o seu pai Gonsalvo, embora nascido judeu, tinha sido um converso. Humanista e, segundo consta, rabino formado, Gomes afirmou ter estudado em Salamanca. Obteve o «baccelierato in artibus et philosophia» e recebeu o grau de doutor na catedral de Lisboa em 1534. Declarou que no dia do interrogatório tinha quarenta e cinco anos, um mês e um dia de idade.[127] Durante o processo Enriquez encontrava-se doente em Ferrara e não foi interrogado em pessoa. Gomes e Enriquez foram chamados pela primeira vez à Inquisição em 1555 e absolvidos pelo tribunal criminal civil da Quarantia em 1557.

Instalada em segurança na Turquia, Gracia não se deixou intimidar, mesmo por procuração. Em Junho de 1555, Tristão da Costa foi denunciado ao Officio della Heresia como judaizante. Costa era não só agente de Brianda mas também seu confidente, e os dois acharam que Agostino Enriquez e Duarte Gomes tinham sido os denunciantes.

A defesa de Tristão da Costa

Costa foi detido e obrigado a comparecer perante a Inquisição e o Conselho dos Dez. Com 58 anos, apresentou-se «envergando trajos estrangeiros e de longa barba grisalha». Declarou que nascera em Viana, Portugal, e que o nome do pai era Duarte da Costa. Quando lhe perguntaram qual era o seu nome hebraico respondeu: «Isaac». Declarou também que tinha estudado em Salamanca. De acordo com o seu depoimento, Tristão foi baptizado aos dois anos de idade, tendo no entanto sido circuncidado em criança. O pai e o irmão haviam sido forçados ao baptismo. A mãe morreu por baptizar, quando ele era ainda criança de colo. Tristão admitiu nunca ter assistido a uma missa. Declarou que estava casado com uma «marrana», Francesca Perera, havia dezassete anos. Tinham cinco filhos, três rapazes e duas raparigas, todos baptizados. No entanto, os filhos tinham todos nomes hebraicos, além dos nomes cristãos. Costa não negou que os filhos tinham sido circuncidados, mas alegou que o ritual fora planeado pela mulher e realizado quando ele se encontrava em viagem. Admitiu ainda ter celebrado um casamento cristão mas também ter casado segundo os ritos hebraicos. Confessou que deixara Portugal só depois de conseguir vender os seus bens. À pergunta: «O que era mais importante, a sua religião ou os seus bens?» respondeu: «A religião, mas tenho de viver dos meus bens».

Quando lhe perguntaram se era judeu ou cristão Costa negou-se a dar uma resposta directa. Afirmou porém que não rezava em hebraico nem participava em cerimónias judaicas. Disse também que nunca fingira ser cristão enquanto vivera em Veneza. «Ninguém perguntava», argumentou. Declarou que nunca tinha jurado numa situação contratual e que por conseguinte nunca prestara falso testemunho. Quanto à sua morada em Veneza, Costa deu a residência de Brianda «na San Marcula, na casa dos Gritti». Ficou devidamente registado que ele vivia em casa de «Brianda de luna marrana».[128] Uma vez que Gomes, no seu depoimento, declarara que em Veneza tinha morado em casa de Gracia, dando o mesmo endereço, as duas irmãs deviam ter vivido sob o mesmo tecto.[129]

Não tanto as respostas às perguntas como as próprias perguntas devem ser analisadas. Elas reflectem a atitude da

Inquisição e a opinião do Santo Ofício sobre o que constituía judaizar. O interrogatório a que os agentes de Gracia e Brianda foram submetidos esclarece-nos sobre as alegadas práticas criptojudaicas – não necessariamente as deles, mas as de outros. O depoimento de Tristão da Costa mostra que a Inquisição se interessava vivamente pelos negócios de Brianda e que tentou enredá-la através do seu agente.

Quando lhe perguntaram como vivia Brianda, Costa respondeu: «Como uma cristã». Embora admitisse comer apenas carne comprada no talhante judeu, Costa declarou que Brianda não fazia as compras no mesmo sítio, mas que devido aos seus problemas de saúde, estava autorizada por dispensa especial do seu confessor a comer carne mesmo às sextas-feiras e durante a Quaresma. Explicou que comia apenas peixe e ovos em casa de Brianda. Depois de alguma insistência, porém, Costa confessou que Brianda sabia que ele vivia publicamente como judeu em Ferrara, usando o nome do pai, Abraão Habibi. Portanto, em Ferrara, quando servia de factor de Brianda, ele era conhecido por Isaac Habibi. A principal acusação contra Costa era de que para onde quer que fosse, mudava sempre de filiação religiosa.[130] Durante o interrogatório admitiu que exceptuando o tempo que passara em Ferrara, ele tinha vivido «por fora cristão, por dentro judeu».[131]

Quando lhe perguntaram se sabia por que razão tinha sido preso, Costa respondeu que supunha que os seus inimigos – Enriquez, Gomes, Hyeronymas Vaes, Emmanuel Fregoso e um asturiano chamado Pancho – o tivessem denunciado. Segundo Costa, eles vieram todos de Ferrara para vê-lo expulso de Veneza como judeu, desse modo obrigando Brianda a mudar-se para a Turquia. Com essa declaração Costa insinuava que os homens agiam a mando de Gracia. Avisou os interrogadores que os seus denunciantes tinham vivido anteriormente como cristãos mas que viviam então como judeus em Ferrara. «É o que dizem por todo o Rialto», acrescentou, recusando-se no entanto dar nomes.[132]

O interrogatório foi suspenso até o dia 15 de Julho, quando, inesperadamente, Costa alterou as suas declarações anteriores e afirmou que devia ter sido a família Molino que o denunciara por causa de um negócio de açúcar e pimenta e de outras mercadorias que pertenciam a Beatrice de Luna. Deu a entender que todo o séquito de Gracia queria tramar Brianda e a sua pessoa. Nada se sabe sobre esse alegado negócio da pimenta. É possível que Costa o tenha inventado para iludir os interrogadores. Ele acreditava, contudo, que os seus acusadores queriam separá-lo de Brianda, pressionando-a pelo dinheiro depositado na Zecca e obrigando-a a partir para a Turquia. Com efeito, a lealdade inabalável de Costa para com Brianda deve ter incomodado o resto da família. O conhecimento íntimo que tinha dos problemas pessoais de Brianda demonstra que Tristão era mais do que seu agente: era o amigo de confiança de Brianda, se não mesmo mais do que isso.

Do princípio ao fim do interrogatório, Costa não deixou de proteger Brianda, afirmando categoricamente que em casa dela toda a gente levava uma vida cristã, participava nas orações e comia de modo diferente do dele. As perguntas que o Conselho lhe fez sobre Brianda eram exactamente as mesmas que se faziam aos suspeitos de judaizar: ela tinha imagens cristãs em casa? Costa respondeu afirmativamente, referindo-se à imagem da Virgem. Confirmou que todas as pessoas em casa de Brianda se ajoelhavam para rezar quando os sinos tocavam para as Ave-marias, afirmando que ele próprio as vira a ajoelhar-se. Quando lhe perguntaram se ouviam missa em casa de Brianda, Costa respondeu que supunha que sim, embora nunca o tivesse testemunhado. Acrescentou que sabia que o confessor de Brianda era espanhol. Os pormenores do seu depoimento mostram que Costa teve muito cuidado em não prestar falsas declarações, ao mesmo tempo que se esforçava ao máximo por manter Brianda fora de perigo. Costa declarou também que em casa de Brianda, e sempre que vinha a Veneza, envergava trajes cristãos.

Brianda perante a Inquisição

Quando mais tarde foi interrogada em pessoa, Brianda queixou-se amargamente da irmã e ofereceu 10 000 ducados para libertar Costa.[133] Entre 21 e 23 de Agosto de 1555, Brianda conseguiu efectivamente a liberdade de Costa, com a condição de ele abandonar Veneza no prazo de quinze dias e nunca mais voltar.[134]

Antes da leitura da sentença, Gracia la Chica também prestou declarações. Nessa altura ela afirmou categoricamente que queria levar uma vida cristã e entrar para um convento. Mãe e filha foram exortadas pelos inquisidores a continuar boas cristãs. Como prova da sua credibilidade, Brianda recebeu a notificação de que os seus bens, confiscados e guardados na Zecca, estavam de novo à sua disposição.

A 23 de Agosto, contudo, Brianda e a filha compareceram separadamente perante o chefe do Conselho. Brianda lamentou a sua sorte, alegando que tinha perdido a paz que almejara ao instalar-se em Veneza. Sem que lhe solicitassem, confessou inesperadamente pertencer aos que tinham sido baptizados à força (!) e que no seu íntimo nunca deixara de ser judia. Em audiência separada, Gracia la Chica anunciou que queria seguir a religião da mãe e viver também como judia.

Quando Brianda e a filha declararam a sua intenção de professar abertamente o judaísmo («l'Ebraismo»), o Conselho e o Doge decidiram que as mulheres tinham de abandonar Veneza «entro brevo tempo», que depois seria fixado em um mês. Ao pedir uma prorrogação do prazo para poder tratar dos seus assuntos, Brianda declarou estar disposta a mudar-se para o Gueto até poder deixar Veneza. O Conselho, embaraçado com a decisão errada que tomara anteriormente de liberar os bens de Brianda, mostrou-se inflexível. Imediatamente informado dos acontecimentos, o papa Paulo IV recebeu a notícia da expulsão de Brianda «com enorme prazer».[135] Segundo parece, até a intervenção do rei francês foi dispensada. Apesar de tudo, em Janeiro de 1556 as mulheres encontravam-se ainda em Veneza. Ferrara voltou a oferecer asilo a Brianda, já que a 23 de Dezembro de 1555 Hércules II concedera aos judeus portugueses e espanhóis todos os privilégios que os papas Paulo III e Júlio III haviam outorgado aos judeus de Ancona. Pouco depois Brianda e a filha mudavam-se para Ferrara.

As razões para a decisão de Brianda nunca serão conhecidas; é possível que ela estivesse doente, mas também psicologicamente instável. Com efeito, o seu desequilíbrio mental, há muito reconhecido por Diogo e Gracia, deve ter sido uma das primeiras preocupações do marido ao redigir o testamento. Não se sabe se Brianda de repente se arrependeu do seu comportamento anterior ou se simplesmente temeu ficar sozinha em Veneza. Seja como for, ela passou a viver em Ferrara como judia e aí permaneceu até receber autorização para se juntar a Gracia em Constantinopla.

O envolvimento no escândalo do rapto e o depoimento para a Inquisição foram as únicas aparições registadas e públicas de Gracia la Chica antes dos seus esponsais com Bernardo (Samuel) Nasi, irmão mais novo de João, em Ferrara, no ano de 1558. Os dois matrimónios celebrados a seguir aos julgamentos – o de João com Reyna em Constantinopla e o de Gracia la Chica com Samuel em Ferrara – demonstram que o casamento de João com a rapariga que, na altura tinha treze anos, ou foi anulado, porque se realizou sem o aval da tutora, ou foi simplesmente ignorado, uma vez que a família Mendes, ao voltar a professar abertamente o judaísmo, daria por inválido o enlace cristão. É difícil acreditar que o casamento de João e Gracia la Chica tenha de facto sido consumado (praticamente na presença do futuro marido). Mais tarde, numa nova constelação, os dois jovens casais terão continuado a ser parentes muito unidos. Por tudo isso, a sua história não pode ser aceite sem algumas reticências, a menos que as raparigas não tivessem uma palavra a dizer sobre as suas próprias vidas e fossem apenas títeres nas mãos de suas mães.[136] Não existem quaisquer dados objectivos sobre a vida da jovem Gracia depois do seu casamento com Samuel aos dezoito anos, exceptuando uma medalha de cobre comemorando esse mesmo acontecimento. A história dessa medalha e da controvérsia que a envolveu fazem parte da investigação desenvolvida no capítulo 5.

V

Gracia e o mecenato judaico na Ferrara do século XVI

Desde Fevereiro de 1493, altura em que Hércules I de Este acolheu vinte e uma famílias judeo-espanholas, até o Estado cair sob o domínio directo da Igreja um século depois, muitos judeus europeus encontraram abrigo em Ferrara.[137]

A comunidade judaica cresceu depressa sob o domínio dos duques, que precisavam do crédito dos banqueiros, os primeiros judeus a ser recebidos. Mais tarde, os residentes judeus iriam participar activamente na vida da comunidade, como fabricantes, comerciantes e retalhistas. Para cobrir as despesas do seu estilo de vida sumptuoso, Hércules pedia muitas vezes dinheiro emprestado aos banqueiros judeus.[138] Da mesma forma, os Este acolheram com prazer os judeus portugueses, na esperança de que através das trocas que estes mantinham com as colónias e a Índia o comércio de Ferrara prosperasse.

Contudo, no reinado de Hércules I, os judeus tinham de participar em «disputas religiosas» públicas com os monges, e em 1507 foi instituído um «monte di pietà» para contrariar o comércio bancário dos judeus. Além disso, Afonso I ordenou que os judeus usassem um distintivo, um «O» com uma tira cor de laranja «da largura de um palmo». Essa ordem nunca foi inteiramente cumprida.

Só em 1626 é que os judeus foram confinados a um gueto, se bem que a «iniciativa dos guetos» datasse de 1624. Embora os judeus tivessem autonomia para morar onde quisessem, a maioria optara por viver numa zona de ruas contíguas. Os habitantes da cidade chamavam a essa zona «La Zuecca».

O mais provável é que a zona destinada ao gueto, mesmo por trás da catedral, coincidisse com o bairro judeu já existente. Surgiu assim um paradoxo, como em todas a cidades que haviam prescrito os guetos: embora os judeus fossem marginalizados socialmente, fisicamente viviam no centro da urbe. Esta situação alterou profundamente a configuração de algumas cidades, como aconteceu em Ferrara.[139] Também aí, em vez da temida expulsão, o gueto garantiu aos judeus a residência permanente.

Em meados do século XVI, Ferrara tinha uma população que rondava os 10 000 habitantes. A rica viúva Beatrix (Beatriz) de Luna, aliás Gracia Mendes, ou como se revelou mais tarde, Gracia Benveniste, e a filha Reyna, chegaram a Ferrara em finais de 1549.

A 12 de Fevereiro de 1550, Hércules II anunciou um salvo-conduto geral para os judeus portugueses e espanhóis («natione hebraica, lusitana et spagnola»). Gracia recebeu um breve pontifício especial que a autorizava e aos que a acompanhavam «venire, habitare, conversare, haver synagoga particulare per sua comodità, negotiare ed esercitar suoi trafichi et mercanzie... securi e senza impedimento».[140] O breve assinala a primeira utilização pública dos seus nomes hebraicos. O documento foi emitido em nome de «Donna Vellida (esposa) de Don Semer Benveniste e Donna Reina (esposa) de Don Meir Benveniste, com toda a sua família e criadagem».[141] Não obstante estes nomes, Gracia podia também já ser conhecida por Nasi, como mostra a dedicatória de um livro publicado em Ferrara.[142]

De acordo com o salvo-conduto ducal, as mulheres e as suas famílias tinham autorização para praticar livremente o judaísmo e para manter escravos. No caso de os privilégios lhes serem retirados, teriam dezoito meses para partir e levar os seus bens, com isenção de direitos.[143]

Apesar de ter frequentado os círculos mais sofisticados de Antuérpia e Veneza, incluindo os da realeza, até à sua chegada a Ferrara Gracia nunca pensara seguir o exemplo dos seus amigos cristãos e tornar-se protectora das artes. Os inventários da época revelam que as casas dos Mendes eram decoradas com grande fausto. No entanto, não foram identificados quaisquer pintores ou artesãos que tenham trabalhado para a família, nem tão-pouco reconhecida qualquer colecção de livros entre os objectos confiscados após a sua fuga de Antuérpia. Como comerciantes internacionais, os Mendes devem ter patrocinado cartógrafos, e é provável que tenham encomendado cartas geográficas; no entanto, não foram encontrados quaisquer mapas com o nome da família.

Em Antuérpia, Gracia recebia mercadores ricos e aristocratas dos Países Baixos. Em Ferrara, porém, ela começou a frequentar abertamente os círculos judaicos. Tornou-se uma anfitriã muito popular, e a sua casa era frequentada por estudiosos e talmudistas judeus. Ferrara viria a ser o «berço intelectual» de Gracia.

A Bíblia de Ferrara

O nome de Gracia surge nas dedicatórias de duas importantes obras da época. A primeira é a famosa Bíblia de Ferrara, publicada a 1 de Março de 1553 e impressa por

Abraão Usque, português que emigrou para a Itália e onde era conhecido pelo nome cristão Duarte Piñel ou Pinhel.

Abraão Usque começou a usar o seu nome judeu depois da sua chegada a Ferrara em 1543. O indivíduo que fundou uma tipografia e imprimiu vários textos de judeus espanhóis e portugueses era conhecido por Abraão Usque. Entre 1551 e 1557 Usque publicou vinte e sete livros, mas depois de muita hostilização acabou por restringir a sua actividade a obras hebraicas. A Bíblia de Ferrara, *Biblia en Lengua Española traducita palabra por palabra de la verdad Hebrayca por muy excellentes letrados vista y examinada por el officio de la Inquisicion. Con privilegio del yllustrissimo Señor duque de Ferrara*, foi a sua publicação mais importante.

A Bíblia de Ferrara foi publicada em duas versões: uma dedicada ao duque Hércules, a outra dedicada a Gracia. No verso do frontispício aparecem dois nomes, Yom Tob Atias e Abraão Usque, juntamente com a dedicatória a Gracia. O texto dá a entender que Gracia suportou, pelo menos em parte, os custos da edição «judaica».[144] As duas edições receberam a autorização do duque e o «fiat» do censor da Inquisição. Julgou-se inicialmente que, exceptuando as dedicatórias, as traduções poucas diferenças apresentavam. Por exemplo, a palavra «virgem» da edição cristã é substituída por «donzela» na edição judaica. A versão cristã data de 1 de Março de 1553, ao passo que a versão «judaica» traz a datação hebraica: 14 de Adar de 5313. Outros pormenores que distinguem as duas edições foram recentemente identificados.[145] No frontispício, uma aguarela representa um veleiro de mastro quebrado, debatendo-se num mar revolto – um símbolo do destino dos judeus ou dos cristãos-novos?[146]

A chamada Bíblia de Ferrara não foi, de modo nenhum, a primeira publicação judaica oriunda daquela região. Para além de um grande número de manuscritos e livros depositados actualmente na biblioteca Estensi de Módena, os arquivos italianos conservam milhares de fragmentos de manuscritos hebraicos mais antigos aproveitados de livros de registo e encadernações. Da mesma forma que as pedras tumulares dos judeus foram apropriadas para pavimentar as ruas, os manuscritos judaicos foram reutilizados nos séculos XVI e XVII – desmanchados e fragmentados para uso em encadernações e revestimentos.[147]

Um volume secular, publicado no mesmo ano, evidencia de modo ainda mais significativo o mecenato de Gracia: na dedicatória da obra-prima de Samuel Usque, *Consolação às Tribulações de Israel*.[148]

Como sugere o título, o livro de Samuel Usque examina as provações e os infortúnios do povo judeu. Écloga renascentista típica, foi escrita em forma de diálogo, com três patriarcas a apresentar os temas de discussão. Icabo (Jacob), que aparece como pastor e é o alter-ego do autor, lamenta a sorte dos seus filhos. Os outros protagonistas são os patriarcas Numeu (Naum) e Zicareu (Zacarias). Há quem veja aqui uma possível ligação ao Livro de Zacarias, em que um homem da época relata a terrível experiência dos judeus depois do exílio na Babilónia (capítulos 9–14). O Livro de Zacarias fala também da construção do Templo (a reconstrução). Os diálogos tratam da sua destruição. O Livro de Naum relata os acontecimentos de aproximadamente um século antes – a destruição de Nínive.

Na Bíblia de Ferrara os primeiros diálogos referem-se à destruição do Segundo Templo e ao sofrimento dos judeus sob o domínio dos Romanos. A terceira parte, na qual o autor descreve através de 37 segmentos cronológicos o martírio dos judeus na Diáspora (França, Espanha, Pérsia, Itália, Inglaterra e Portugal), inclui também a história da expulsão da Península Ibérica. Os três patriarcas oferecem consolação retirada da Bíblia.

A maior parte dos cronistas judeus do século XVI eram refugiados espanhóis e portugueses ou descendentes dos mesmos. Sobretudo depois da Expulsão, os historiadores judeus procuraram explicar o sofrimento do povo judaico ao longo dos séculos, centrando-se principalmente na catástrofe que os arrancara e às suas famílias da Península Ibérica. Tratando-se de uma alegoria religiosa, a descrição que Usque faz da situação da época é no entanto mais realista que os relatos de rabinos demasiado zelosos.

Como se depreende da sua obra, Usque, poeta e historiador, era um profundo conhecedor da Bíblia. Escrevia um português elegante, dominava o castelhano e o latim, lia Platão, Ovídio e Lucano e conhecia bem a filosofia do seu tempo.[149] Também deve ter tido conhecimentos de francês e de italiano, mas onde terá aprendido o hebraico permanece um mistério, uma vez que os judeus não estavam autorizados a possuir textos hebraicos, exceptuando livros de medicina. É possível que tenha estudado em Coimbra ou em Lisboa; a sua descrição da matança ocorrida nessa cidade em 1506 parece basear-se numa experiência de pessoal.[150] Acabou por se mudar para Ferrara, passando primeiro por Inglaterra, França e Alemanha, atravessando os Alpes e parando em Nápoles, onde conheceu os Abravanel, que se haviam fixado em Ferrara uma década antes da chegada de Usque.

O público-alvo de Samuel Usque era constituído por conversos. Os constantes ataques contra os judeus descritos na sua história só podiam fazer lembrar aos cristãos-novos o seu próprio destino. Uma das mensagens que Usque queria transmitir era a de que os judeus tinham sido escravizados pelas mesmas pessoas que procuraram emular. No entanto, quando fala de «uma das portas principais» através da qual a compaixão de Deus chega ao mundo, o seu tom parece mais cristão do que judeu. O objectivo de Usque é incitar os cristãos-novos a regressar ao judaísmo. Podemos considerá-lo o primeiro escritor moderno da história judaica.[151]

A dedicatória de Samuel Usque enaltece as virtudes de Gracia; ele descreve-a como «o coração no corpo do seu povo». Além disso, a existência de Gracia encontra-se entre as maiores consolações dos judeus no exílio. Usque afirma que ela herdou a compaixão inata de Miriam, a prudência de Débora e as virtudes infinitas de Ester. A pureza e generosidade de Gracia são comparadas às de Judite: «O Senhor enviou-vos hoje esta mulher do supremo coro das Suas hostes. Ele juntou todas estas virtudes numa única alma. Para vossa ditosa sorte, Ele resolveu infundi-las na pessoa casta e delicada da abençoada judia (Gracia) Nasi».

Uma passagem – «O que vós fizestes e ainda fazeis para trazer à luz os frutos das plantas além soterradas na escuridão» – talvez se refira aos esforços de Gracia para conduzir os cristãos-novos, como ela própria, do criptojudaísmo ao judaísmo declarado.[152]

O animado ambiente intelectual e social de Ferrara influenciou decisivamente as atitudes de Gracia. Uma pessoa, em particular, serviu-lhe de modelo intelectual e espiritual imediato: Benvenida (Bienvenida) Abravanel, mulher e posteriormente viúva de Samuel, filho mais novo do célebre filósofo judeu Isaac Abravanel. Como Gracia, também esta família era de ascendência espanhola, originariamente de Sevilha. Em 1391, o avô de Samuel converteu-se ao cristianismo, mudando o nome para Juan de Sevilla, mas pouco depois voltou ao judaísmo. O pai de Samuel, Isaac, tornou-se um eminente intelectual entre os emigrantes portugueses em Itália.[153]

Benvenida, uma das mulheres judias mais populares do seu tempo, era elogiada pela sua devoção religiosa, sabedoria e benevolência. Foi celebrada por Immanuel Aboab, cronista da família, como «uma das nobres e espirituosas benfeitoras existentes em Israel desde a hora da nossa dispersão... [um] modelo de decência, de piedade, de prudência e de coragem».[154] Este texto faz lembrar de tal forma o elogio de Usque que o nome de Benvenida podia facilmente ser substituído pelo de Gracia.

Apesar de os Abravanel residirem em Nápoles, Samuel desempenhou as funções de consultor financeiro do vice-rei D. Pedro. Recebida na corte, Benvenida tornou-se amiga de Leonora, filha de D. Pedro, e mesmo depois de ter casado com Cosimo de Médicis Leonora manteve-se em contacto com Benvenida, chamando-lhe segunda mãe. Segundo consta, quando Carlos V quis expulsar os judeus de Nápoles, Benvenida, apoiada pela amiga Leonora e outras senhoras da aristocracia local, apresentou-se ao imperador e argumentou em favor das suas correligionárias.[155] Quando Carlos V decretou que os judeus deviam usar um «distintivo judeu» ou sair de Nápoles, Benvenida e o marido mudaram-se para Ferrara.

Ao contrário da família Mendes-Nasi, os Abravanel não só eram ricos como reconhecidamente cultos. A sua casa tornou-se um local de encontro tanto para intelectuais judeus e cristãos, incluindo os de visita a Ferrara, como o humanista alemão Johann Albrecht von Widdmanstadt (1506–57), como para os pobres e os órfãos.[156]

Benvenida faleceu em 1554, três anos depois da morte do marido. Durante esses três anos Benvenida geriu os negócios da família, de dimensões bastante superiores aos de Gracia. Também continuou o papel que o marido desempenhara na vida intelectual e no mecenato. A sua amizade com Gracia encontra-se documentada. Além do ambiente geral de Ferrara, a influência directa da muito admirada Benvenida incentivou Gracia a tornar-se mecenas da literatura. Duas outras mulheres judias em Ferrara, Pomona e Betsabé, da família de Módena, eram versadas em estudos hebraicos, mas não nas artes. Nessa altura da sua vida, porém, Gracia não estudava activamente o Talmude ou a cabala.

Dados recentes parecem indicar um maior envolvimento dos Mendes na publicação de livros do que se supunha anteriormente. Além das publicações em Ferrara (todas em hebraico, exceptuando uma), os Mendes estiveram também envolvidos na impressão de livros não hebraicos em Veneza. Em 1552, um exilado espanhol, Alonso Núñez de Reinoso, dedicou um volume de poesia e prosa «Al muy magnifico Juan Micas». Em *Clareo y Florisea, roman à clef* do mesmo autor, aparece uma D. Gracia.[157] O volume, publicado em Veneza pela tipografia de Gabriel Giolito de Farrari em 1552, inclui um romance e vários poemas, impressos em páginas diferentes. Tanto o romance como os poemas são dedicados a «Juan Micas». O primeiro apresenta-se na forma de uma carta, datada de 24 de Janeiro de 1552. Núñez conhecia Gracia e João, e é possível que tenha servido a família durante algum tempo como preceptor.[158]

Os *Due Panegyrici* (1552) de Ortensio Lando apresentam duas dedicatórias: a primeira a «Gioan Michas», a segunda ao irmão deste, Bernardo.[159] Lando dedicou mais uma obra a «Beatriz de Luna» (e a Ruscelli), na qual afirma que Gracia nasceu em Veneza.[160] Diz também que uma das duas famílias mais ricas de Veneza era a dos «Mendesi». Numa carta ao «S. Giovanni Michas a Vinegia», elogiando Carlos V, Lando refere-se à amizade de João com o imperador.

Existe uma terceira obra que vale a pena referir, escrita pelo poeta e cortesão Bernardim Ribeiro (1482–1552). A sua novela *Saudades*, mais conhecida por *História da Menina e Moça* (1554), foi a única obra em prosa de língua portuguesa publicada no século XVI. A primeira edição foi feita em Ferrara, em 1554, por Abraão Usque. *Menina e Moça* é uma mistura de géneros, revelando a influência dos contos cavalheirescos e da novela bucólica. Visto existirem semelhanças notáveis entre *Saudades* e *Consolação*, há quem pense que as duas obras foram escritas pela mesma pessoa.

Quando o livro foi publicado já Gracia estava a viver como judia em Ferrara. Dedicá-lo a João, que residia ainda em Veneza como cristão, teria por isso levantado menos suspeitas. Na novela sobressai um auto-retrato do cristão-novo, um homem dividido relativamente à vida, às memórias e às lealdades.

Encontro com um velho amigo

Em Ferrara Gracia encontrou de novo Amato Lusitano, erudito português que conhecera em Antuérpia. Não existem registos do apoio de Gracia a Amato em Antuérpia, mas depois de restabelecido o contacto em Ferrara, os caminhos de ambos cruzaram-se com frequência.[161] Este homem ilustre nasceu em Castelo Branco, em 1511, com o nome João Rodrigues. Estudou em Salamanca, onde exerceu medicina aos dezoito anos de idade, e de onde depois se mudou para Santarém e mais tarde Lisboa. Para fugirem à perseguição, ele e o amigo Didacus Pyrrhus viajaram primeiro para norte em direcção a Antuérpia, onde conheceram mercadores judeus de Ragusa. Amato não seguiu directamente para Ragusa depois de abandonar Antuérpia, mas mudou-se para a Itália, primeiro para Veneza (onde se declarou judeu); depois para Ferrara e Florença; em seguida para Roma, Ancona e daí para Pesaro.[162]

Amato terá recebido em segredo uma educação judaica dos pais. Conhecia a língua hebraica, pois já no início da sua carreira traduzia do hebraico para o latim. Citava com frequência a Torá e exemplos da história judaica e do Halakah.

Embora oficialmente ainda fosse cristão quando prestou o seu juramento como médico, Amato registou a data de acordo com o calendário hebraico: 5319.[163] Quando publicou a sua obra mais famosa, *Curationum Medicinalium Amati Lusitani Medici Physici praestantissimi Centuriae* (Florença, 1551), dedicou a primeira «Centuria» a Cosimo de Médicis.[164] Escreveu também comentários em latim sobre Avicena e traduziu a *Utopia* para castelhano.[165]

Amato foi médico de Gracia e sabe-se que tratou vários membros da aristocracia italiana. A ciência moderna atribui a Amato Lusitano o primeiro estudo sobre a circulação sanguínea. Foi também um botânico apaixonado, utilizando ervas e especiarias para curar doenças específicas, sobretudo gástricas. Amato foi um médico altamente respeitado que contou entre os seus pacientes as viúvas Mendes, além de dignitários como Jacoba de Monte, irmã do papa Júlio III. Traduziu também os cinco volumes de *De Materia Medica* de Dioscórides, obra que permaneceu durante 1 500 anos a autoridade em botânica. A integridade de Amato atesta a sinceridade da sua grande estima por Gracia.

A controvérsia da medalha

Com tantos elogios prestados a Gracia Mendes, é significativo que nenhum dos seus contemporâneos tenha aludido à sua beleza. Talvez isso explique também por que razão Diogo casou com Brianda. Embora não haja qualquer imagem reconhecida de Gracia, existe uma medalha, cunhada em Ferrara em 1558, que durante muito tempo se julgou erradamente tratar-se do seu retrato. A medalha de bronze, de uma face, mostra a imagem de uma bela mulher da família de Gracia: a sua sobrinha, Gracia la Chica, à data do noivado com Samuel. É possível que Gracia tenha combinado esse casamento, antes de se mudar de Ferrara para Constantinopla, ou no Império, usando um dos seus agentes. A medalha constitui mais uma prova da simbiose relativamente pacífica entre cristãos e judeus na Ferrara do século XVI. Uma minoria de historiadores sustenta que Giovanni Paolo Poggini desenhou a medalha; a sua autoria, porém, deve ser atribuída a Pastorino di Pastorini.

Pastorino di Pastorini (1508–1572) foi pintor de telas, vidro e estuque e gravador de moedas e medalhas. Apesar de morar em Siena, durante o governo de Hércules II trabalhou em Ferrara. Vasari aclamá-lo-ia mais tarde pelos seus retratos em medalhas de estuque pintado. Alguns historiadores mais antigos confundiram o retrato na medalha com o perfil de Gracia, envolvendo-se em cálculos complicados para explicar o facto de a medalha ter sido impressa vários anos depois de Gracia ter abandonado Ferrara, ou o facto de em 1558 Gracia não ter dezoito anos mas perto de quarenta e oito anos.[166]

Neste caso a identidade do modelo é menos importante que o facto de o retrato de uma mulher judia aparecer numa medalha, usando o mesmo elegante traje de rendas, penteado e jóias que as aristocratas cristãs da época.

O texto que ladeia a silhueta aparece em hebraico e latim. É possível que mesmo as letras hebraicas tenham sido gravadas por Pastorino. A transliteração do nome diz «Gratzia Nasi», revelando o uso da letra hebraica «tzadi» em vez de um «c». O artista não precisaria de conhecer o alfabeto hebraico; tê-lo-ia simplesmente copiado de uma amostra, como era costume entre muitos pintores renascentistas de cenas bíblicas.

A existência da medalha é extraordinária, uma vez que o judaísmo não permitia a representação de imagens humanas. Contudo, sabe-se que os cristãos-novos que regressaram ao judaísmo acabaram por integrar alguns rituais cristãos nas suas actividades. Esta prática resultava em parte do seu desconhecimento das leis moisaicas, mas também da influência do meio cristão em que viviam. Poder-se-á afirmar que o judaísmo redescoberto de Gracia e da família foi não só influenciado pela forte comunidade judaica de Ferrara, mas também consentido pela animada vida cultural da cidade renascentista à qual tinham livre acesso.

O aumento da intolerância em Ferrara

Depois do casamento Samuel teve de esperar por um salvo-conduto para sair de Ferrara com a família. Primeiro tinha de obter o direito de passagem por Veneza, de onde fora banido por ter participado no rapto daquela que viria a ser a sua futura esposa. João ocupou-se de quase todos os preparativos a partir de Constantinopla. Finalmente, no dia 6 de Março de 1558, Samuel, a mulher e a criadagem foram autorizados a partir. Mas Ferrara continuou endividada à família; foram precisos vários anos para recuperar as 40 000 coroas emprestadas ao falecido duque.[167] Nessa altura, Gracia envolveu-se numa longa e desagradável disputa financeira com Agostino Enriques, que retivera algum do dinheiro dela, alegando que precisara dele para subornar os funcionários de Ferrara de modo a garantir a liberdade de Samuel e da família.

Em 1553 a Inquisição foi novamente autorizada a funcionar em Ferrara; o Talmude e textos rabínicos foram queimados em público. Mais tarde, o papa Paulo IV convenceu Hércules II a promulgar nova legislação antijudaica. Durante o seu papado, Paulo IV reorganizou e incrementou as actividades da Inquisição.[168]

Percebendo os sinais da desgraça que se avizinhava, Gracia acabou por aceitar os repetidos convites da Porta Otomana, continuando o patrocínio dos judeus e dos estudos judaicos a partir do seu refúgio em Constantinopla.

Em meados de Agosto de 1552 o *chaus* Sīnan colocava Gracia, Reyna e o seu séquito a bordo de elegantes galés com destino a Ragusa, uma escala muito importante para as futuras operações comerciais de Gracia Nasi.

VI

Negócios em Ragusa

Gracia e a filha passaram por Ragusa (Dubrovnik) a caminho de Constantinopla. Apesar de a escala ter sido bastante breve, o governo da cidade concedeu-lhe privilégios especiais. A generosa recepção que lhe fizeram os habitantes de Ragusa demonstra que Gracia era a mais importante empresária da região do Mediterrâneo.[169] Porque foi esta breve paragem em Ragusa tão importante para os futuros negócios de Gracia, que ela geriu a partir do Império Otomano?

A prosperidade notável de Ragusa durante o século XVI deveu-se ao facto de a cidade ter mantido a neutralidade entre os mundos cristão e otomano. O seu papel adicional de «centro de informações» era apreciado até pelo Estado papal.[170] Graças a uma diplomacia eficaz, a cidade-república conseguiu mesmo a autorização do papa para fazer comércio com os infiéis. Entre 1442 e 1808 (com a excepção do período 1444--1458), Ragusa pagou tributo ao sultão otomano.[171]

É indiscutível que Ragusa beneficiou bastante do seu papel de mediadora entre o Ocidente e o Império Otomano. Como consequência dessa diplomacia, Ragusa acumulou riqueza suficiente para garantir a independência. Os próprios habitantes de Ragusa, cientes da sua condição especial, evitavam possíveis áreas de conflito entre os dois lados.[172] Até os poetas moderavam os seus escritos sobre as vitórias guerreiras tanto dos cristãos como dos muçulmanos. É também notável que o maior poeta renascentista de Ragusa, Marin Drži (1508–67), que visitou Constantinopla como intérprete do conde Christoph von Roggendorf, não tenha deixado qualquer apontamento sobre essa viagem.[173] Em contraste com as escassas informações que chegavam ao grande público, os arquivos do governo de Ragusa transbordavam de dados, mantidos com precisão e salvaguardados dos perigos das mudanças históricas.

O primeiro registo de uma presença judaica em Ragusa data do final do século XIII e diz respeito, muito provavelmente, a um homem de Durazzo (hoje Albânia) que em 1281 passou pela cidade. Em 1324, outro judeu, «magister Judeus physicus», foi logo seguido por vários dos seus correligionários que vieram de Malta, Chipre e Provença. Ragusa foi um dos portos preferidos dos emigrantes judeus vindos da Península Ibérica depois de 1492. Em Ragusa os refugiados podiam alugar transporte e seguir viagem para o seu destino final, o Império Otomano. Os judeus paravam primeiro em Plo e, que lhes serviu de residência temporária. Foram sempre poucos ao longo do século XV.[174]

As vitórias otomanas e em especial as grandes alterações nas suas vidas a seguir ao Édito da Expulsão fizeram aumentar as actividades dos judeus em Ragusa. A maior parte dos judeus chegava de barco a Spalato (Split) e Ragusa, passando primeiro por Veneza e Ancona. A partir de 1501 os refugiados judeus viajavam para Salonica e Skopje passando pela cidade-república. Em terra, as caravanas transportavam os viajantes até Salonica, que naquela altura já tinha uma população judaica numerosa e bastante activa, com emigrantes de toda a Europa.

As caravanas seguiam geralmente a antiga estrada romana, a Via Egnatia. Existem registos das transacções entre os viajantes e os seus guias, que podem ainda ser vistos entre os documentos guardados nos Arquivos de Dubrovnik. As caravanas que transportavam os viajantes através da Península dos Balcãs eram relativamente grandes, incluindo pelo menos 200 pessoas e 160 cavalos.[175] A segurança residia na quantidade. Muitas vezes os refugiados eram atacados por salteadores ou piratas; os seus carregamentos eram saqueados em terra e no mar. O governo de Ragusa intercedeu muitas vezes para protegê-los e aos seus carregamentos.[176]

Embora existam registos de actividades judaicas no século XV, foi no século XVI que os judeus se tornaram parte da população permanente de Ragusa, mantendo sempre contactos pessoais e comerciais com as comunidades sefarditas de vários países do Mediterrâneo. Os seus mercadores e comerciantes integraram-se facilmente na cidade, cujos residentes não judeus se dedicavam também à actividade comercial. Os registos de 1572, por exemplo, demonstram a força da participação judaica no comércio de Ragusa, onde em 50 agentes comerciais (factores ou *sensali*), 30 eram judeus.[177] As fortes ligações da cidade com o mundo otomano fizeram de Ragusa o entreposto preferido dos ocidentais para o comércio com um Oriente economicamente menos desenvolvido.

Os judeus em Ragusa

A dinâmica presença judaica em Ragusa também despertou vivos sentimentos antijudaicos entre os mercadores nobres da cidade, que começaram a encarar os recém-chegados como perigosos concorrentes. Essa percepção, mais do que a enérgica propaganda antijudaica da Igreja de Ragusa, foi responsável pelo édito de expulsão de 4 de Maio de 1515. É bastante provável que os mercadores cristãos tenham instigado a promulgação do édito, o qual se destinava a excluir até mesmo a noção de famílias judaicas se instalarem em Ragusa. O édito visava claramente as famílias que tinham feito de Ragusa a sua residência permanente. Havia cláusulas para mercadores individuais que podiam ficar, durante um período limitado, a tratar de negócios. À luz da nova vaga de perseguições na Europa, os habitantes de Ragusa talvez receassem uma verdadeira invasão de judeus à procura de um abrigo na cidade-república.

Com premeditado interesse próprio, o governo isentou os médicos judeus. E, como era hábito com este tipo de leis, o édito nunca seria inteiramente cumprido, nem duraria muito tempo. Já em 1538, as leis de saneamento relativas à presença judaica em Plo apontavam para uma residência mais ou menos permanente dos judeus na cidade.[178] Em Abril de 1540, pelo menos meia dúzia de casas eram indicadas como domicílios de judeus. Este agrupamento pode ser considerado o núcleo de um gueto judeu, efectivamente criado em Fevereiro de 1546 na rua Loijarska, que depois se veio a chamar Žudioska.[179]

A zona inclui casas com área para armazenamento e uma sinagoga.[180] A rua foi murada de ambos os lados, e foi construído um portão num dos muros. Os residentes tinham de estar dentro de muros à noite, quando o portão era fechado. Como na maior parte dos casos na Europa, o gueto tinha de custear a sua própria manutenção. Era administrado por um dirigente eleito, o «Consul Hebreorum». Mais uma vez, nem sequer a segregação dos judeus de Ragusa num gueto foi totalmente concluída: alguns judeus ricos continuaram a viver no centro da cidade. Em 1553, ao chegar a Ragusa, Gracia Mendes e a sua comitiva juntaram-se a esse grupo privilegiado.

Mesmo antes do desembarque de Gracia em Ragusa, a família Mendes já mantinha sólidos contactos económicos com a cidade, onde dois feitores, Abner Agfarin e Isaac Ergas, representavam os seus interesses comerciais. Por intermédio desses agentes, a 22 de Novembro de 1552 Gracia solicitou ao governo de Ragusa tarifas especiais e uma redução dos direitos aduaneiros.[181]

Gracia viria a desempenhar um importante papel como intermediária entre Ragusa e a Porta Otomana. Quando no início de 1553 as suas galés entraram na doca de Ragusa, ela foi recebida com pompa e circunstância. Gracia deve ter causado a impressão de uma princesa em viagem: tinha sido esse o efeito da sua partida de Veneza, como indicam os documentos nos arquivos da cidade. Existem registos de que uma multidão de espectadores assistiu à largada dos seus barcos do porto.

Parece estranho que não exista documentação semelhante sobre a chegada de Gracia a Ragusa, tendo em conta que os registos normalmente minuciosos, tanto sobre os nativos, como sobre os estrangeiros eram escrupulosamente conservados. A documentação depositada nos Arquivos Históricos, contudo, inclui os requerimentos de Gracia ao governo, assim como as deliberações do Senado. O nome dela aparece também no Compêndio em «Lettere e Commissioni (Lettere di Levante)».[182]

Gracia não foi obrigada a ficar no gueto, recebendo autorização para residir livremente em Ragusa durante seis meses. Esta concessão também se aplicava aos membros da sua família e ao seu séquito de várias dezenas de funcionários e serviçais. Tendo em conta as mudanças na cidade depois do grande terramoto de 1667, não é fácil determinar em que lugar Gracia terá ficado durante a sua estadia. É provável que tenha alugado uma casa relativamente perto do centro, nas imediações da Porta Ploe. Os seus armazéns teriam ficado fora das muralhas da cidade, talvez mesmo a sul do porto principal e não muito longe da zona mais tarde conhecida por cemitério judeu.[183] D. Gracia provavelmente também tinha acesso ao porto de Cavtat. Dados recentemente descobertos comprovam a presença de navios mercantes de judeus nesse local.[184]

Mesmo depois da partida de Gracia, os seus agentes continuaram a viver fora dos muros do gueto. No dia 28 de Abril de 1558, de acordo com os registos em arquivo, Agfarin e Ergas requereram ao governo que abdicasse das taxas de aluguer pagas pelas suas famílias no gueto, uma vez que, por autorização do governo, eles não residiam no mesmo, mas numa casa fora de muros. Num gesto extraordinário, em 1558, os feitores de Gracia ofereceram-se para pagar todas as rendas do gueto: 60 *scudi* anuais por habitação.[185]

Ficou estipulado que o montante excluía todas as suas despesas de residência, mas que incluía as despesas com os guardas do governo, encarregados de vigiar o portão do gueto. Existiram com certeza outras razões, que não amigáveis, para este requerimento, porque nele os agentes também pediam ao governo para lhes devolver objectos pessoais, entre eles as jóias das suas mulheres, que tinham sido, provavelmente, confiscadas pelo não pagamento de dívidas em atraso. Os dois homens lembravam ao governo as importantes relações de Ragusa com a sua patroa. Com efeito, a petição foi satisfeita e, consequentemente, os alugueres do gueto foram transferidos para os agentes de Gracia.

O contrato de Ragusa

Um ano após a sua chegada à Turquia, Gracia escreveu ao governo de Ragusa a propósito do seu comércio com a Itália e, em relação a isso, lembrou a sua estada na cidade e a recepção grandiosa que tivera.[186] Depois, numa petição ousada dirigida ao Senado, solicitou um contrato de acostagem, armazenamento e carregamento a longo prazo. A decisão favorável dos legisladores mostra que Ragusa considerava «Beatrice de Luna», como ela se designava em toda a correspondência com a cidade, uma parceira comercial excepcionalmente importante. Embora Gracia não usasse os nomes Mendes ou Nasi, como fizera em Ferrara, o governo de Ragusa estava certamente a par da imensidão da fortuna dos Mendes. Gracia ofereceu também garantias apropriadas para os primeiros seis meses, enquanto os direitos aduaneiros seriam pagos no final desse período; os privilégios permaneceriam em vigor durante cinco anos, antes de qualquer renegociação. Além disso, Gracia pedia autorização para arrendar um armazém no porto durante esse período; um espaço que não tivesse de partilhar com outros comerciantes. Também queria que o contrato estipulasse que depois de ela pagar as taxas alfandegárias sobre os artigos vindos de portos italianos, essas mercadorias poderiam depois ser transportadas para os seus destinos finais sem quaisquer taxas adicionais.

Gracia comprometia-se a pagar 500 ducados em direitos aduaneiros no caso de não usar o *ferry* de Ragusa durante esses cinco anos e oferecia garantias seguras – em Ragusa e em Ancona – conforme a opção do governo. Além disso, os agentes de Gracia prometiam ao governo encorajar os seus amigos mercadores a utilizar o porto de Ragusa e desse modo fazer aumentar os ganhos da república. Um inventário (não se sabe se para um carregamento imediato ou futuro) foi anexado ao requerimento.

O contrato, que envolvia um grande volume de mercadorias, foi aprovado pelo Conselho Menor a 9 de Novembro de 1554 por 30 votos a favor e 7 contra. Os votos «contra» reflectiam a oposição de alguns membros do conselho à duração de cinco anos do contrato, solicitada por Gracia. Efectivamente, os termos do contrato mantiveram-se válidos por cinco anos e foram renovados a 7 de Agosto de 1557 e de novo a 4 de Julho de 1562. Nessa ocasião os agentes de Gracia pediram uma redução da garantia sobre os direitos aduaneiros pendentes para um terço do montante estipulado inicialmente. Com esse pedido também aprovado, Gracia recebia um privilégio reservado anteriormente apenas a cidadãos de Ragusa. A importância dos seus negócios para Ragusa revela-se no facto de a cidade aceitar não só a sua assinatura mas também (mais tarde) a do sobrinho sem fiador declarado.[187]

Mulher de negócios circunspecta, Gracia também exprimiu a sua preocupação com a segurança dos seus agentes e bens em Ragusa. Pediu ao governo para protegê-los se as suas mercadorias fossem confiscadas durante as transferências. Solicitou também um mandado de isenção para os seus bens e para os seus agentes durante a passagem pelo porto de Ragusa, acrescentando que na falta dessa garantia teria de procurar outro porto para as transferências. Gracia voltou a garantir a Ragusa que ofereceria compensações ilimitadas aos que intentassem um processo contra ela. Estas referências indirectas talvez tivessem a ver com a sua situação precária em Veneza e a sua partida da mesma cidade. A carta incluía uma declaração na qual Gracia mostrava estar disposta a lutar nos tribunais turcos contra as reivindicações de qualquer um, afirmando também que era suficientemente rica pagar uma quantia ainda maior se fosse proferida uma sentença contra ela.[188]

Subsequentemente, Gracia e os seus agentes passaram a gerir os seus negócios com a Itália, Hungria, Polónia e outros países europeus a partir de Constantinopla e através de Ragusa. Gracia recebeu sempre especial consideração porque a cidade sabia da sua reputação e influência junto da corte otomana e porque os cidadãos de Ragusa tiraram partido dessa influência em numerosas ocasiões. A relação era simbiótica. Gracia usava Ragusa para despachar lã, pimenta e cereais para Veneza e outros portos italianos e importava tecidos de lã e linho para a Turquia em troca de matérias-primas do Oriente.[189]

Ragusa beneficiou bastante dos seus negócios com a Casa Mendes. Os arquivos revelam que além dos 500 ducados em taxas de armazenamento, a cidade recebia mais quatro ducados e meio por cada cesto de seda, dois ducados por cada fardo de lã e linho, e um ducado por um fardo de tecido de algodão ou peles. Ragusa recebia também um por cento do valor das mercadorias do Levante que passavam pela cidade.[190]

Ragusa utilizava os bons ofícios de Gracia sobretudo para transferir dinheiro em segurança para fora da república. O governo transferiu 20 *zecchinos* (moedas de ouro) para os seus enviados extraordinários na Porta Otomana em 1555. Em 1556 e 1557, os factores de Gracia transferiram fundos em nome de Ragusa para Ferrara.[191] Numa carta datada de 24 de Julho de 1557, o governo pedia a Gracia que emprestasse 3 100 ducados aos emissários de Ragusa, porque era demasiado perigoso enviar-lhes dinheiro directamente. Por duas vezes, pelo menos, o governo quis reembolsar os agentes de Gracia, mas estes não aceitaram a responsabilidade e sugeriram que a dívida se mantivesse com Ragusa até que D. Gracia lhes dissesse onde depositar o dinheiro. Este método de transferência foi utilizado em 1559 para uma quantia de 1 000 ducados e novamente a 21 de Novembro de 1560, quando 400 ducados foram entregues aos representantes de Ragusa que se encontravam de serviço na Porta Otomana.

Além disso, a Casa Mendes ajudou Ragusa a ultrapassar as suas incómodas faltas de cereais. Como a colheita local mal podia satisfazer uma pequena parte da procura, os feitores de Gracia ajudaram a atenuar essa escassez através de carregamentos provenientes do Império Otomano, principalmente de Volosa, mas também de Valona, na Albânia.[192]

As concessões comerciais que Gracia obteve em Ragusa foram mais tarde transmitidas para o seu sobrinho e genro, José Nasi. O facto de o nome dela aparecer juntamente com o de Nasi nos documentos oficiais comprova que Ragusa aceitava a sua sociedade.[193]

As mensagens diplomáticas da época descreviam muitas vezes João Miques, na altura José Nasi, como um espião ao serviço dos muçulmanos; registos mais recentes sugerem que ele talvez tenha sido um agente duplo – pelo menos por procuração – usando os seus homens para levar informações para os dois lados. Ragusa, sempre na primeira linha da espionagem internacional, deve ter ouvido boatos acerca de Nasi, mas preferiu ignorá-los ou tirar partido dos mesmos quando fosse conveniente. «A suposição básica apontava para que os dois [isto é, Gracia e o genro] fossem os arrematadores de impostos preferidos da Sublime Porta e por isso ninguém se atrevia a fazer-lhes mal».[194]

Como pós-escrito à vida dos judeus em Ragusa e aos privilégios concedidos à família Mendes-Nasi, convém referir que a situação se alterou pouco depois da morte de Gracia. Embora a alteração não tenha sido provocada pela sua morte, esse acontecimento forneceu a Ragusa a oportunidade para renegociar as condições do contrato, o qual estava prestes a expirar. A principal razão para a renegociação foi a guerra de Chipre em 1570. No Ocidente acreditava-se que Nasi, ex-cristão, tinha conspirado com o sultão e traído o mundo cristão. A perda de Chipre fomentou uma crença generalizada na «conspiração dos marranos», na recuperação do conceito de «periculum proditionis».[195] Não foi por acaso que em 1570 o Conselho dos Dez em Veneza entregou Enriques Núñez (chamado Abraão Righetto), suposto parente de Nasi, à Inquisição. Ele foi acusado de práticas judaizantes e de planear partir em segredo para o Levante.[196]

Sabe-se que na mesma altura os feitores da família Mendes também se encontravam vulneráveis ao perigo e à perseguição em Ragusa. Mas, como no passado, o oportunismo económico acabou por prevalecer. A partir de 1570, surgiu um novo interesse pelo encurtamento das rotas comerciais, assim como pelo Adriático e pelos Balcãs, o que levou a uma maior exploração das rotas terrestres a partir dos portos da Dalmácia. Os cristãos-novos que viviam nos portos dálmatas foram muito úteis nesse processo e muitos tornaram-se parceiros menores de Veneza no comércio levantino do pós-guerra de Chipre.

VII

O Império Otomano e os Judeus

Sim, as frotas convergem para mim,
e os navios de Társis abrem a marcha,
Para trazer de longe os teus filhos,
Com a sua prata e o seu ouro,
Para honrar o nome do Senhor, teu Deus,
E o Santo de Israel, que te cobriu de glória.
Isaías 60:9

Num dos capítulos da *Consolação*, Samuel Usque descreve o Império Otomano como o grande consolo dos judeus; porque lá as portas da liberdade estavam abertas e o judaísmo podia ser professado livremente.[197] Dizia-se que a vida na Sublime Porta restaurava o carácter humano. O judeu podia regressar às suas práticas antigas, abandonando a religião que lhe fora imposta por aqueles entre os quais tinha deambulado. Nesse capítulo da sua obra, Usque refere-se à «vida dupla» que os conversos são obrigados a levar na Europa cristã. Salienta o desgaste que isso provoca nas suas existências. O argumento de Usque reflecte a opinião consensual dos judeus e dos cristãos-novos que tinham escolhido o Império Otomano para sua nova morada.[198]

No entanto, o Império Otomano não era muito diferente dos outros países. Como em toda a parte, a presença judaica era apenas tolerada como um acto de magnanimidade por parte do governante; contudo, no Império Otomano, os judeus desfrutavam de uma situação especial. Os judeus espanhóis e portugueses podiam recuperar não só uma identidade perdida com a Expulsão mas também, em circunstâncias relativamente felizes, a estrutura social de uma existência ibérica desaparecida.

Importante era também o facto de o Império Otomano ser no século XVI um dos Estados mais avançados e bem administrados do mundo, moderno na sua meritocracia e tolerância. Todas as classes sociais e todas as fontes de riqueza eram tidas como obrigadas a preservar e promover o soberano; por esse motivo, todas as actividades económicas eram regulamentadas apenas pelo Estado.[199]

As cidades eram multiétnicas. Originariamente a governação era não muçulmana, e não otomana. Embora a primeira situação depressa se alterasse, muitos cargos importantes continuaram a ser preenchidos por eslavos dos Balcãs que se tinham convertido ao Islão. Nos territórios de língua árabe, a conquista otomana não mudou muito a vida quotidiana das populações. Estes trocavam apenas um poder muçulmano por outro.

Para os judeus, porém, chegados havia pouco tempo de diferentes partes da Europa, a mudança de estilo de vida foi enorme. Socialmente, encontravam-se menos integrados do que os seus correligionários nativos, embora no passado também estes tivessem sido expulsos das suas casas e sofrido deslocações forçadas.

Como na maioria dos países europeus, no Império Otomano a riqueza era gerada pelo comércio, pelo artesanato e pela agricultura. Os judeus, como mercadores, membros de uma classe em ascensão, podiam adaptar-se satisfatoriamente aos ideais da sociedade de Istambul, onde eram apoiados pelo sultão, especialmente durante o tempo do grão-vizir Rustam e do paxá Sīnan, o qual, tal como os seus conselheiros, defendia a causa dos mercadores judeus.[200] A sua condição privilegiada provocou alguma hostilidade entre os nativos; as corporações tinham encarado os judeus como inimigos, mas a concorrência nos negócios atravessava todas as religiões. Em Bursa, feitores italianos e comerciantes judeus esperavam ansiosamente pelas caravanas e competiam aguerridamente pelas mercadorias que chegavam da Pérsia.

A situação legal dos judeus

O comércio externo no qual os judeus estavam envolvidos era feito sobretudo com a Itália, principalmente com Veneza, Ancona e Pesaro, e com frequência por via do Adriático. Ancona era também a base para o comércio com Florença. Quanto à Inglaterra e à França, no início os judeus serviram apenas de intermediários, mas participaram activamente no comércio entre Constantinopla, Salonica, Ragusa, Valona, Veneza, Sevilha e Lisboa, até Amsterdão, através dos Balcãs até a Áustria, e mais tarde com a Polónia e a Rússia. Durante o século XVI, os mercadores judeus competiam para enviar mercadorias para a Itália ou para as margens do Mar Negro e do Danúbio, enquanto os mercadores muçulmanos comerciavam sobretudo em Moscovo e na Polónia.

Existia também uma indústria local em Bursa. As sedas produzidas nos teares de casas particulares vendiam bem na Europa; alguns tecelões de Bursa tornaram-se bastante ricos. Também esta fonte era explorada pela maioria dos comerciantes.

Ao contrário dos países europeus mais avançados, a Turquia do século XVI tinha poucas redes de estradas modernizadas. O comércio e o transporte de pessoas eram feitos por caravanas e as estradas que os comerciantes usavam transformavam-se numa rede de «vias rápidas» com estalagens e caravançarais e sistemas de apoio associados. Essas estradas eram utilizadas especialmente para as viagens dentro do império, enquanto a maioria do principal comércio internacional era feito por mar. Nalgumas partes do império, contudo, utilizavam-se as pontes e as estradas construídas durante a Idade Média, ou mesmo as deixadas pelos Romanos. O exército otomano revelou-se exímio a utilizar essas estradas e «vias rápidas» em campanha.

A situação legal de um súbdito judeu no império era determinada por disposições islâmicas. Em contraste com os muçulmanos, no Império Otomano os judeus pertenciam à «*dhimma*», isto é, aos súbditos não muçulmanos do Estado muçulmano, pessoas protegidas, gozando de considerável liberdade, mesmo que a sua inferioridade fosse realçada pelas leis islâmicas. Os judeus pagavam impostos sobre o património e impostos individuais (*cizye*), assim como direitos aduaneiros, que iam todos para o governo. Assim, os *dhimmi* – embora separados pela fé – eram parte integrante da ordem muçulmana.[201]

No seio da comunidade judaica, os *memunim*, também denominados *parnasim*, eram funcionários públicos. Homens de distinção, os *memunim* desempenhavam funções burocráticas. Eram responsáveis pela cobrança de impostos, tendo muitas vezes de adiantar os montantes até os tributos serem cobrados.[202] Como os rabinos, detinham autoridade religiosa e eram apoiados pelo governo otomano. Como intermediários, ajudam a fazer cumprir as leis.

Alguns eram «cortesãos» judeus, que desde o sultanado de Murad II no século V ocupavam cargos diplomáticos e serviam de conselheiros económicos aos sultões. Eram também médicos, homens de negócios e fornecedores de mercadorias e exerciam enorme poder e influência sobre os seus correligionários.

Fora de Constantinopla, as comunidades judaicas enviavam com frequência os seus emissários à corte imperial. Por exemplo, o rabi Moshe Almosnino recebeu a prorrogação e extensão dos privilégios para os judeus de Salonica durante uma visita ao palácio em 1576.[203] Deduz-se pela sua correspondência que os embaixadores estrangeiros tinham de subornar o grão-vizir, o comandante da polícia do palácio ou o chefe dos eunucos para conseguirem ser recebidos pelo sultão. O mesmo se aplicava aos emissários judeus. Os dirigentes seculares judaicos também tinham contactos – baseados no suborno – com os muftis de Constantinopla e Jerusalém.

Os judeus no Império Otomano eram tratados de maneira diferente dos seus correligionários nos países cristãos do Ocidente, como mostra o apoio que a Porta Otomana lhes prestava quando eles faziam negócios na Europa. Os sultões encaravam os judeus como um elemento urbano dinâmico e produtivo. A sua lealdade era comprovada, e em troca o governo otomano tomava sempre o partido dos mercadores judeus em viagem, com grande desaprovação de Veneza. O tratado bilateral assinado entre Veneza e a Sublime Porta no término da guerra de 1537–40 (3 de Outubro de 1540) esclarece e regista essas concessões.[204]

Os Venezianos distinguiam entre levantinos cristãos, judeus e muçulmanos. Durante a guerra de 1570–73, quando um grupo de venezianos ficou retido no império e em retaliação o governo de Veneza mandou prender os mercadores levantinos que se encontravam em seu território, os comerciantes cristãos foram poupados. Durante as negociações de 1571, os Otomanos exigiram que os Venezianos só recebessem as suas mercadorias confiscadas depois de os judeus também receberem as suas.[205] Quando viajava ao serviço do império para lugares como Veneza, o diplomata ou mercador judeu levava consigo um salvo-conduto (*aman*) que lhe permitia fazer comércio e deslocar-se para onde quisesse.[206]

No Império Otomano fazia-se uma rígida distinção entre súbditos muçulmanos e não muçulmanos. Os judeus eram deixados não só à sua religião, mas também às suas próprias leis e administração em questões que não dissessem respeito a muçulmanos. Os gregos, arménios e judeus estavam autorizados a comerciar e a viajar sem restrições. Os judeus partilhavam da mesma condição que todos os não muçulmanos e eram protegidos pela *ahl-al-dhimma*, a lei especial, que os fazia sentir-se seguros no império. Eram considerados mais leais do que os cristãos, uma vez que nenhum inimigo do império os apoiava. Mesmo quando os judeus eram ordenados a usar uma determinada cor e a não construir ou restaurar os seus locais de culto, essas ordens raramente eram cumpridas. Quanto aos ricos, as suas transgressões eram geralmente ignoradas.

O representante dos judeus, o *kahya*, falante da língua turca, era respeitado por ambas as comunidades. As *kehalim* (congregações), apoiadas por membros como o *kahal* de Lisboa ou o *kahal* de Portugal, mantinham-se em estreito contacto com as suas antigas comunidades. Na mesma *sanak* (região administrativa), os *kahals* maiores tinham mais influência e os rabinos e o *beit din* (tribunal religioso) julgavam os seus litígios. As questões envolvendo não judeus eram julgadas pelos tribunais muçulmanos. De acordo com um privilégio antigo, confirmado por cada sultão, os arménios e os judeus estavam isentos do tributo de sangue, da *devshirme* (instrução de crianças para se tornarem janízaros), e do serviço militar.

Depois da queda de Bizâncio, em 1453, os judeus que viviam nas províncias também foram afectados pela *sürgün* (a expulsão de indivíduos ou de grupos inteiros); milhares deles foram transferidos para Constantinopla. As famílias judaicas oriundas do Egipto e da Europa foram obrigadas a mudar-se. No entanto, sentiam-se relativamente seguras, porque a ordem de expulsão não se lhes aplicava como judeus: partilhavam da mesma sorte que todos os não muçulmanos.[207]

A *sürgün* prolongou-se até o século XVI. Em 1522, Solimão II deportou os judeus de Salonica para Rodes. Embora 150 famílias tivessem sido deslocadas para a ilha, constituíam apenas cinco por cento da população. Eram famílias dinâmicas, ricas e respeitadas; contribuíram bastante para o desenvolvimento de Rodes. Os registos demonstram que os dirigentes da comunidade podiam influenciar as decisões que afectassem determinados indivíduos, embora não pudessem alterar decisões relativamente a categorias.[208]

Depois da conquista otomana de Chipre em 1571, mil famílias judaicas foram transferidas de Safed para Chipre como resultado de um decreto promulgado em 1576. Um segundo decreto teria resultado na deslocação de outras 500 famílias; mas não foi cumprido, devido ao apelo dos judeus e à intervenção do *kadi* de Safed, que explicou que essa ordem conduziria a uma grande quebra nos rendimentos do império e à ruína de Safed. Como alternativa, 100 judeus que queriam mudar-se de Salonica para Safed foram deslocados para Chipre contra a sua vontade. A *sürgün* era a política de Maomé, *o Conquistador*, aplicada a todos os níveis, a todos os habitantes do império, não só aos judeus.

Apesar destas deslocações forçadas, a população judaica do vitorioso Império Otomano não parava de crescer. Em 1477 os judeus de Constantinopla somavam 1 647 famílias – onze por cento dos habitantes da cidade.[209] Não obstante a *sürgün*, a maioria dos judeus encarava o mundo cristão como aquele que os havia expulso, enquanto o mundo islâmico os acolhia de braços abertos.

Na verdade, até mesmo a *sürgün*, apesar de os afectar, tinha um objectivo especial: considerados um elemento produtivo e «construtor de cidades» dentro do império, os judeus, por essa mesma razão, tornaram-se *sürgüns*. Eram estrangeiros «importados,» escolhidos para reconstruir Constantinopla e transformá-la numa capital otomana.

Antes de 1453 residia em Bizâncio uma pequena comunidade de asquenazes *romaniot*, de origem grega, e o encontro entre as duas populações judaicas não foi totalmente pacífico. Os asquenazes e os sefarditas discordavam sobre uma série de questões legais e sociais, como o direito de família, o tratamento dos conversos, o *kashrut* (o regime alimentar judaico) e outros costumes. Os sefarditas acabaram por integrar a comunidade *romaniot* no seu seio. Em Salonica, para onde os judeus gregos tinham sido transferidos pela *sürgün*, desenvolveu-se um predomínio sefardita durante o século XVI.

Na verdade, a experiência dos imigrantes judeus e cristãos--novos da Europa foi vantajosa para o desenvolvimento das regiões menos urbanizadas, fazendo do judeu uma espécie de colonizador relutante. Assim, além dos principais centros judaicos como Constantinopla e Salonica, também Edirne, Safed e Esmirna se desenvolveram e transformaram em importantes subcomunidades. Esmirna chegou a ser a mais importante cidade portuária dos finais do século XVI. Em 1515 Salonica já se havia tornado um dinâmico centro cultural. Tinha uma tipografia hebraica que satisfazia as necessidades de uma população judaica em constante crescimento.[210] Em 1517 existiam 3 143 famílias judaicas e 930 solteiros contribuintes registados nos seus livros. O sistema da *sürgün* chegou mesmo a ter defensores judaicos.

Originário de Creta, o rabi Elyah Kapsali (1420–96/97?), ao escrever sobre a queda de Bizâncio, regozija-se com a derrota dos Gregos e acolhe os conquistadores turcos como um justo castigo de Deus.[211] Refere-se à *sürgün* como uma mudança voluntária e minimiza a severidade das políticas de Bajazé em relação às minorias religiosas. A obra *Seder Eliyahu Zuta* de Kapsali também revela uma forte inclinação pró-muçulmana. O autor, em vez de criticar os imperadores, salienta a compaixão dos mesmos para com o sofrimento dos judeus espanhóis e portugueses.[212]

Vida social e costumes

As informações sobre a vida dos judeus no Império Otomano durante o século XVI podem ser recolhidas de várias fontes. Além dos próprios testemunhos dos judeus e dos registos do Estado otomano, chegaram até aos nossos dias informações que reflectem o ponto de vista cristão. As ilustrações e os textos publicados pelos viajantes europeus da época permitem-nos visualizar os judeus nas ruas da capital, assim como nas suas casas e lugares de culto e na condução dos seus negócios.[213]

Os judeus que viviam no Império Otomano adaptaram-se perfeitamente aos costumes locais. Em 1453, Maomé II, o «Conquistador», convidou os judeus a imigrar para o império. No Divã do sultão, o grão-rabino Moise Capsali representava a comunidade judaica na Diáspora. O rabi Capsali já tinha proibido os judeus de usar o solidéu de sábado, costume próprio dos judeus espanhóis mas não em Constantinopla. O estilo de roupa dos judeus otomanos era influenciado pela moda persa e chinesa, mas incluía também elementos das tendências europeias.

Embora nem sempre de forma regular, os muçulmanos calçavam sapatos de pele amarelos. O resto da população devia usar o preto ou outras cores escuras. Em princípio, os não muçulmanos não podiam ostentar tecidos finos ou peles caras, como o arminho ou a marta, devendo antes usar turbantes mais pequenos e feitos de menos tecido do que os turbantes dos muçulmanos, e nunca brancos, a cor sagrada do Islão. Assim, o código de vestuário judaico não se guiava apenas pela necessidade de preservar a tradição ou de se diferenciar dos muçulmanos e dos cristãos. Os judeus tinham de ter cuidado para não se vestir de forma mais luxuosa que os muçulmanos, que eram impedidos pelas suas próprias leis de exibir riqueza sobre o vestuário. Cuidadosa, a maioria dos judeus seguia essas regras, para não provocar a inveja.

Os judeus usavam também barretes italianos ou chapéus quadrados. As mulheres das cidades tinham uma grande variedade de roupa para dentro e fora de casa, e as mais ricas seguiam a moda italiana do uso de cores escuras. Não havia diferenças entre os tecidos usados pelas várias comunidades judaicas, mas os judeus sefarditas preservavam alguns traços distintivos no seu vestuário.

Naturalmente, muito poucas informações podem ser aceites com toda a certeza, uma vez que os trajes, assim como os próprios judeus, eram estereotipados. Os viajantes cristãos da Europa ficavam espantados por encontrar judeus, tão desprezados por eles, em posições de relevo no mundo otomano.

A vida religiosa judaica também tinha espaço para se desenvolver. As restrições impostas por Bajazé II foram levantadas e os judeus foram de novo autorizados a construir sinagogas.

1

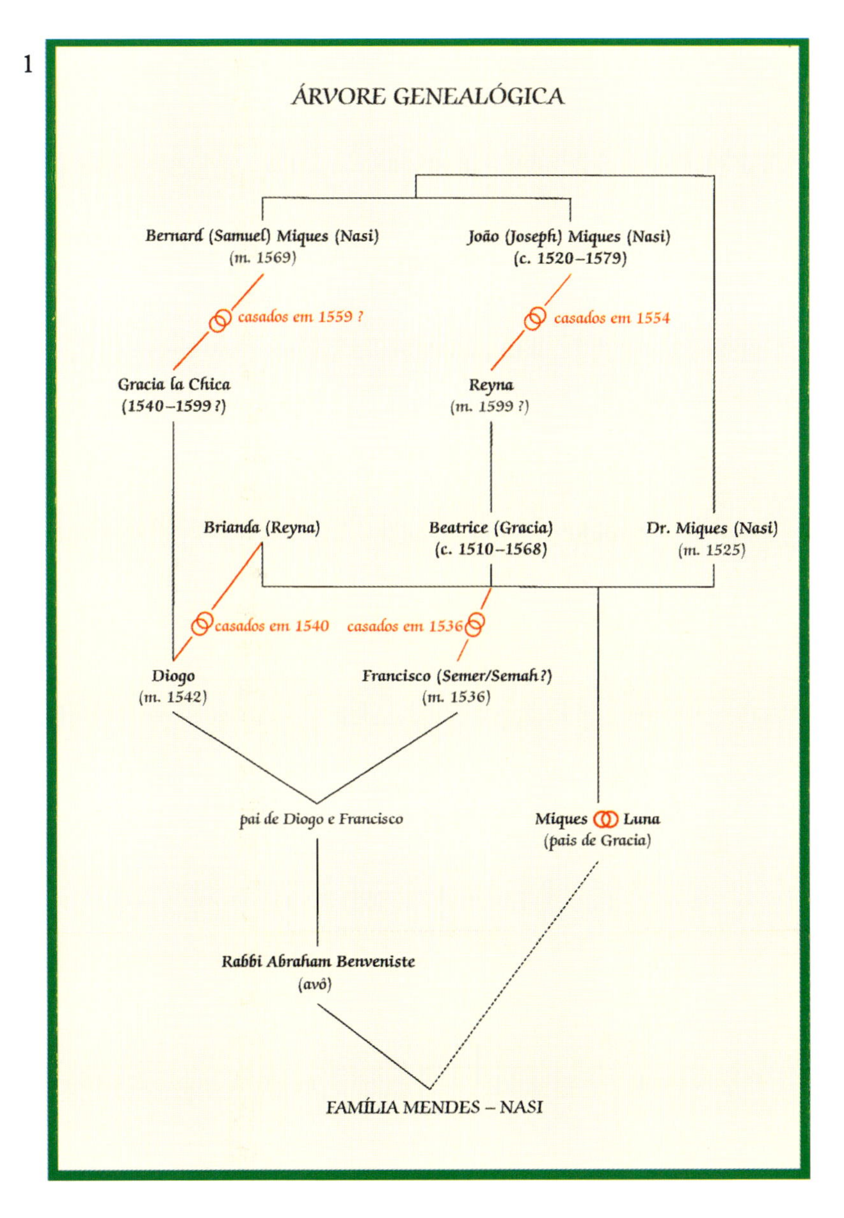

1. A Árvore Genealógica

2

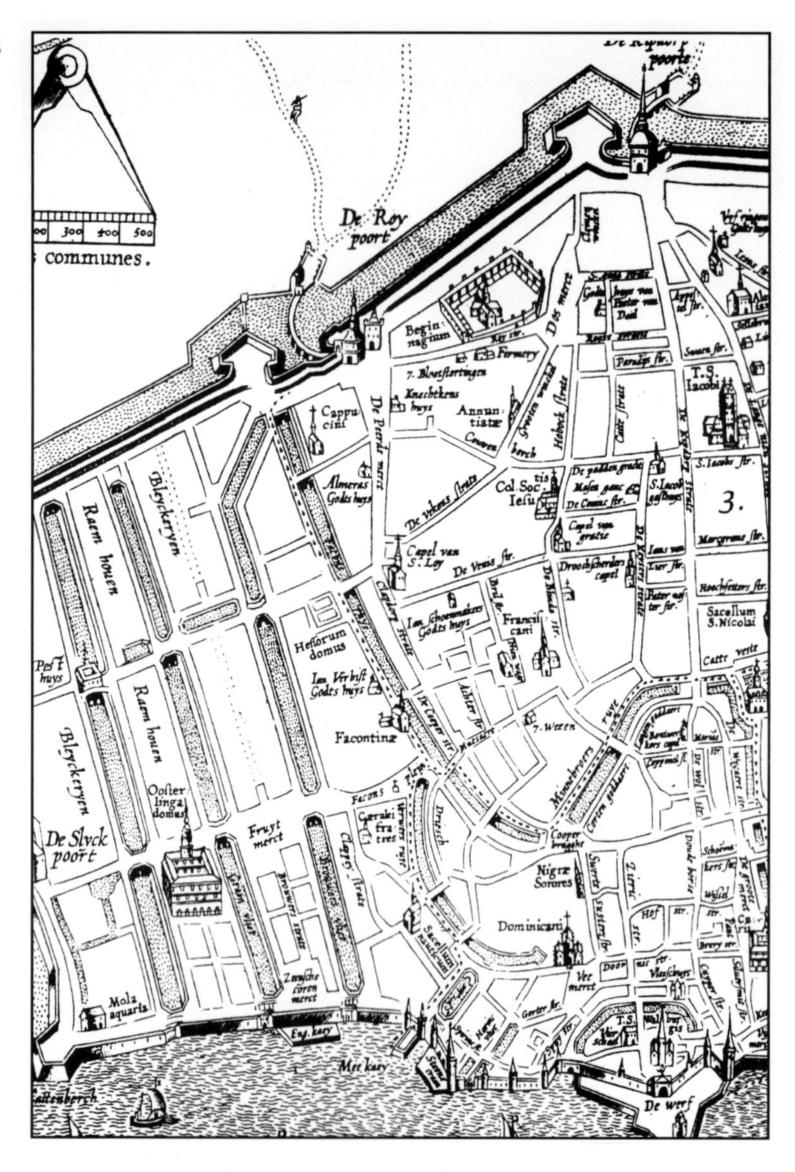

2. Antuérpia no Século XVI. As ruas Kipdorp e S. Jabob encontram-se na zona assinalada com o número 3.

3

4

5

3 - 4. Retratos de Carlos V e da irmã, rainha Maria de Hungria, regente dos Países Baixos.

5. Retrato de Amato Lusitano.

6. Ilustração da «Bíblia de Ferrara», mostrando uma nau de mastro partido.

7. Medalha com retrato de Gracia la Chica.

8. Senhora desconhecida (retrato de Gracia Mendes?).

6

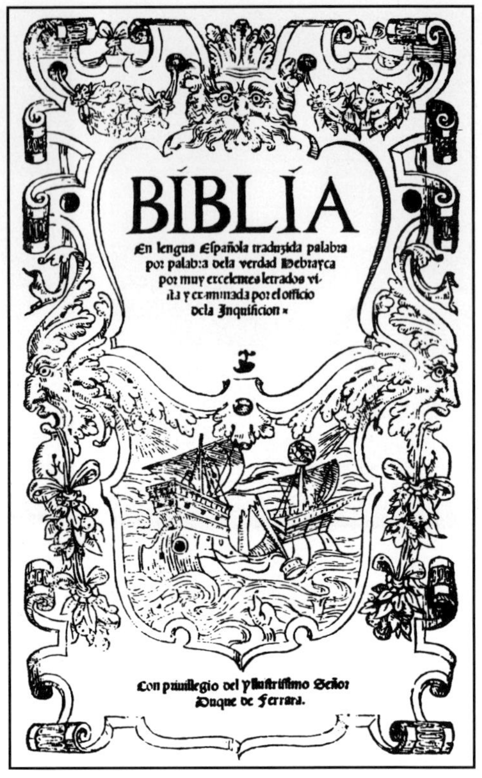

BÍBLIA

En lengua Española traduzida palabra por palabra dela verdad Hebrayca por muy excelentes letrados vista y examinada por el officio dela Inquisicion.

Con privilegio del Yllustrissimo Señor Duque de Ferrara.

7 8

9

CONSOLACAM AS TRI
BVLACOENS DE
ISRAEL.
COMPOSTO POR SA-
MVEL VS
QVE.

Empresso en Ferrara en casa de Abrahã aben
Vsque 5313 Da criaçã a 7 de Setembro

FRONTISPIECE FROM ORIGINAL EDITION IN 1553

10

DEDICATION

TO
THE VERY ILLUSTRIOUS LADY,
DOÑA GRACIA NASI

The heart is prized as the human body's noblest and most important organ, for it is the first to feel the pain which any other part of the body suffers. Indeed, it must be kept content for all the others to be at ease.

Since my prime purpose is to serve our Portuguese nation[1] with this small branch bearing new fruit,[2] it is proper to offer it to your Excellency, for you are the heart in the body of our people: in the remedies you have offered you have always shown that you feel our people's sufferings more poignantly than anyone else.

I say this not out of blind devotion, though I am your protégé, most illustrious lady, and desire to satisfy you through works, writings and deeds and to show myself in some small way grateful for the largesse I have received from your generous hand. Since you began to reveal your light, even our sucklings have imbibed this truth at their mothers' breasts, and your name and the memory of your goodness will forever be a part of the marrow of their bones.[3]

Besides, if the sun is superior to all other planets, it is because its powers bring greater benefits to all that grows on our earth. Which of the lofty luminaries of our people can deny similar superiority to you, most illustrious lady? Though their powers have been trained on the farthest province of the earth,[4] you have done more than all of them to bring forth into the light the fruit of the plants that lie buried in its darkness.[5]

Wherefore I beg you, since you are wont to be gracious to me, kindly to accept this small token of service, so that the protection of your favor may give it the authority and respect that everything attains which draws nigh to your Excellency. May our Lord prolong and prosper your life and estate, and that of your eminent daughter[6] for many years to come.

SAMUEL USQUE

11

9-10. Tradução inglesa de *Consolação.*

11. Casamento judaico.

12

Ill.mi SS.ri Abner alfarin e Isach ergas fattori
della sig.ra Beatrice di Luna. fanno intender
a VV. SS. Ill.me come pochi giorni sono per par
te della ditta sig.ra Beatrice fu supp.ta alle SS.VV.
si degnassero accomodar ditta sig.ra nel
pagamento della doana per le robbe quale s'ha
uscito da questa citta [illegible] per le parti di levante
secondo la forma della sua supp.a e non havendo
mai havuto alcuna risolutione conforme al
desiderio loro, tornano nuovamente [illegible]
nanzi al conspetto di VV. SS. supplicandole si degnino
accettarle questa loro suppl.a e quando per [illegible],
in fine cosi a quelli che non seder facesse piacesse
alle SS.VV. di voler far la taxa e dechiarire quello
[illegible] che facci [illegible] concluso lo transito con
VV. SS. possino attender a negociare.

13

12. Dubrovnik antes do terramoto de 1667.

13. Referência a Beatrice di Luna nas actas do Conselho de Ragusa (24 de Novembro de 1552).

14

15

14. Vista de Constantinopla, 1553.

15. Retrato de Solimão.

17

16. Retrato de um médico judeu, possivelmente do Dr. Moisés Hamon.
17. Retrato de um mercador judeu.

A visão ocidental dos judeus levantinos

Aos olhos dos europeus, a economia otomana da segunda metade do século XVI era dominada por judeus e conversos. Os preconceitos cristãos encontram-se claramente expressos no relato que Nicholas de Nicolay fez da sua viagem ao Império Otomano em 1551. Ele escreveu: «Os judeus são cheios de malícia, fraude, engano e maneiras subtis... [Com] grande detrimento e danos para a Cristandade, ensinaram ao Turco várias invenções, artifícios e máquinas de guerra, tal como fazer artilharia, arcabuzes, pólvora, projécteis de canhão e outras armas. Têm em seu poder a maior parte do comércio de mercadorias e dinheiro contado que existe no Levante».[214]

Os cristãos europeus permaneciam hostis, pouco impressionados com o sucesso dos judeus entre os otomanos e insistindo constantemente na sua natureza «traiçoeira». Na peça «The Raging Turke (or Baiazed the Second)», do inglês Thomas Goffe, o ardiloso médico judeu, a pedido de Selim, encarrega-se de matar o enfermo Bajazé.[215]

Hans Dernschwam foi um observador impiedoso mas perspicaz da vida dos judeus no Império Otomano, deixando para a posteridade um manancial de informações.[216] Sobre os judeus do império ele escreveu o seguinte:

Um número infindável de judeus vive na Turquia, de várias nacionalidades e línguas, mas que apesar das diferentes línguas maternas se mantém unido. E independentemente do país que os expulsou, reúnem-se todos na Turquia, ao monte, como vermes. Falam alemão, francês, checo, polaco, grego, turco, assírio, caldaico – mas também outras línguas. Cada um veste a roupa de acordo com a sua tradição – em geral, vestes compridas – do mesmo género que os italianos e os turcos usam, isto é, um cafetã, que é como um sobretudo, usado por cima de um tecido fino ou túnica de seda e preso por um cinto.

Os turcos usam turbantes brancos, os judeus usam amarelo; alguns judeus estrangeiros usam barretes italianos, e os que entre eles se dizem médicos ou cirurgiões usam longos chapéus vermelhos («piretlen») de ponta bicuda. Preenchem quase toda a Constantinopla: abundam como formigas. Os próprios judeus falam de quantos são. No ano passado, em 1553, os contribuintes judeus eram quinze mil e trinta e cinco (isto é, sem contar as mulheres e as crianças). Na mesma altura os cristãos, que tiveram de pagar os impostos individuais, chamados hrač *– nomeadamente os gregos, os arménios e os da Caramânia – eram seis mil setecentos e oitenta e cinco.*[217]

Nenhum dos números se afigura correcto, mas a suposição reflecte o preconceito de Dernschwam. Durante o século XVI, a população cristã estimava-se em maior número do que a judaica.

Segundo Dernschwam, os judeus eram tão desprezados no Império Otomano como noutras partes do mundo. Informa que os judeus não possuíam gado; em vez disso possuíam um grande número de casas, ruas inteiras, até bairros inteiros:

Eles não vivem lá, porém; usam-no como rendimento suplementar. Moram nas casas dos outros e pagam renda. A maioria dessas casas pertence ao clero ou às mesquitas turcas. Se as casas forem destruídas pelo fogo, o clero tem de as reconstruir. Eles [isto é, os judeus] vivem em casas miseráveis, amontoados, uns em cima dos outros, junto ao mar, na parte baixa da cidade, onde, como seria de esperar, a peste surge todos os anos.[218]

Não muito longe de Adrianópolis, na costa do Egeu, existe uma cidade chamada Salonica. Aqui, diz-se, vivem mais judeus do que em Constantinopla, supostamente vinte mil. Muitos dedicam-se à tecelagem de panos finos; os seus artigos encontram--se por toda a Turquia. Situa-se em frente de Valona, cidade sob domínio veneziano, entre elas uma grande baía, exactamente como entre Sicília e África [*sic*]. *Existem muitos judeus em Alexandria, Cairo, Alepo, Antioquia, Síria e Jerusalém. Quando os judeus envelhecem, e se tiverem dinheiro, visitam a Terra Santa e Jerusalém, na esperança ainda de que aí todos se reunirão, vindos de todos os países do mundo, e de que conseguirão dominar* [*a cidade*]. *Os judeus ricos apoiam esses jerosolimitanos, porque lá não se consegue fazer dinheiro; não há lá dinheiro, absolutamente nenhum.*

Tal como antigamente, também aqui eles têm seitas diferentes. Os judeus comuns, chamados israelitas, encontram-se em todos os países. Têm muitos homens letrados, a quem chamam rabinos. Eles obedecem aos cinco livros de Moisés, aos profetas e a outros escritos antigos, e seguem os Dez Mandamentos.

Dernschwam alude também à «linhagem» dos judeus, aos seus hábitos alimentares, às leis *kosher* e a algumas festas judaicas:

Existem alguns que afirmam descender da tribo de Aarão, esses são – por assim dizer – os sumo-sacerdotes, os Cohens. Não envergam trajes especiais... Alguns judeus dizem-se descendentes de Levi; esses são os sacerdotes... Existem pelo menos quarenta e duas sinagogas em Constantinopla e cada judeu frequenta a sinagoga da sua nação.[219]

Os judeus não emprestam aos turcos; não confiam neles. Na Turquia os judeus podem viajar para onde quiserem, para o Egipto, para o Cairo, para Alexandria, Alepo, Arménia, para a Tartária... podem até ir à Pérsia, Índia, Rússia, Polónia e Hungria. Não existe lugar no mundo de onde os judeus não terão vindo para Constantinopla e não há mercadoria com que os judeus não negoceiem. Logo que um navio estrangeiro chega de Alexandria, Cafa ou Veneza, eles são os primeiros a aparecer nas docas. Trazem pedras preciosas da Índia, que vêm através da Pérsia para Constantinopla; algumas pedras rendem 200 florins mesmo que não valham mais que um único florim...

Os judeus zombam de nós, porque os turcos não podem prendê-los nem levá-los como escravos e vendê-los. Mas consideram um milagre o facto de depois da queda de Buda, os judeus locais não terem sido deslocados para aqui pelos turcos, e em vez de serem vendidos como escravos foram deixados em liberdade; só tinham de pagar impostos. Se tivessem vendido os judeus de Buda, isso teria provocado a ruína financeira dos judeus turcos, porque estes – de acordo com a tradição – teriam tido de resgatar os seus correligionários. Por exemplo, recentemente um barco turco foi capturado, com muitos judeus a bordo. O navio foi levado para Malta e eles foram resgatados pelos judeus de Constantinopla.[220]

Apesar de ter visto e falado com cristãos condenados às galés, que tinham esperado anos para ser resgatados, Dernschwam não tinha uma palavra de apreço para com o Judeu, que considera seu primeiro dever moral libertar os correligionários da escravatura.

Luigi Bassano, originário de Zara, e durante algum tempo espião pago pelo rei de Portugal, viveu na Turquia entre 1532 e 1540. Também ele faz comentários sobre a liberdade de que os judeus desfrutavam no império, realçando o facto de em Constantinopla, Salonica e Bursa, os judeus estarem autorizados a possuir as suas próprias escolas, serem descarados nos seus negócios públicos, terem palácios e praticarem os seus rituais abertamente nas sinagogas e nos funerais.[221]

O rabi Almosnino de Salonica, porém, traçava um quadro menos idealizado da vida dos judeus do império naquela época.[222] Em alguns comentários críticos, o sábio também se queixava da ausência de uma vida civilizada. Nas suas palavras: «Exceptuando a conversa, não há muito que fazer.»[223]

Embora na década de 60 do século XVI a população cristã de Jerusalém já ultrapassasse a dos judeus, o contrário foi verdadeiro no passado. Em 1553–4, os seus números representavam 11% e 10%, respectivamente, enquanto em 1650 apenas 8% da população de Jerusalém era composta por judeus.[224] Não existiam bairros cristãos ou judeus em Jerusalém; mas os judeus continuaram a mudar-se, cada vez mais, para perto do Monte do Templo, provavelmente, e como sempre, por razões de prática religiosa comum e de segurança.[225] Existiam talhantes judeus, servindo apenas clientes judeus. A população incluía médicos, ourives e alfaiates judeus, assim como alguns usurários, que faziam negócio com toda a população. Os judeus eram proprietários de imóveis, que também estavam autorizados a vender. Apesar de socialmente distintos da maioria, encontravam-se plenamente integrados na sociedade, na economia e na administração otomana de Jerusalém.

A reconstrução de Jerusalém durante o reinado de Solimão, *o Magnífico*, não deixou de impressionar os judeus da Diáspora. A imigração era estimulada. Os turcos encaravam os judeus não só como um elemento urbano dinâmico e produtivo, mas também como uma minoria mais fiel ao sultanato do que os cristãos nativos. Embora o sonho declarado do exilado fosse «regressar a Jerusalém», também Gracia escolheu Constantinopla, porque depois da queda de Bizâncio, os judeus concentraram-se nessa cidade, dedicando-se ao comércio e ao negócio, sob o domínio otomano.[226]

A chegada de Gracia ao Império Otomano

Uma vez que o comércio das especiarias era controlado pelo Império Otomano, é evidente que a decisão da família Mendes de se mudar para Constantinopla não foi somente religiosa, mas também económica.

Pouco se sabe da viagem que Gracia terá feito da República de Ragusa para Constantinopla. Existindo uma «Estrada de Ragusa» conhecida, é provável que a família Mendes a tenha utilizado. Existem registos de uma viagem feita por duas pessoas de Constantinopla e Dubrovnik que levou dezassete dias. Invertendo o trajecto desses viajantes, podemos determinar o caminho provável que Gracia e a sua comitiva terão seguido.[227]

Gracia e Reyna viajavam com um grande número de servidores, criadas e outros empregados. Como viajantes inexperientes, é provável que tenham demorado uns 30 dias. Por muito tempo que levassem, o seu percurso teria sido semelhante ao do viajante Košari.[228]

Depois de recusar Jerusalém para sua nova morada, Gracia poderia ter escolhido Salonica como local de refúgio. Embora a cidade fosse conhecida como «segunda Jerusalém», tinha mais judeus e uma vida económica mais animada do que a cidade santa. Durante a época romana já existia em Salonica uma colónia judaica; no século XIV os sábios de Bizâncio mantinham contactos com os intelectuais judeus. No final do século XV, Salonica tinha já também uma pequena comunidade asquenazim, refugiados de territórios alemães, França e Hungria. Havia mais homens instruídos e intelectuais respeitados em Salonica do que em Constantinopla, onde residiam sobretudo comerciantes ricos. Devido à influência dos rabinos, Salonica era considerada o centro espiritual dos judeus do império, embora ao longo da história, onde quer que se fixassem, os judeus tivessem estabelecido outros centros de saber.

A maior atracção de Constantinopla era o facto de ser uma nova capital. Tinha uma população de cerca de 250 000 habitantes e era o centro de grandes empresas e operações financeiras. Estas últimas incluíam empréstimos ao Estado, uma tradição na família de Gracia, assim como o negócio lucrativo da arrematação de impostos e do fornecimento do palácio e exército imperiais. Em meados do século XVI os judeus eram já cerca de cinquenta mil e estavam envolvidos no comércio interno e externo.

A vida religiosa desenvolvia-se com relativa liberdade. As restrições impostas por Bajazé II tinham sido levantadas e os judeus já podiam construir novos locais de culto. A capital tinha 44 sinagogas, e não as 42 indicadas por Dernschwam.

O Estado vendia concessões sobre géneros alimentícios, vinho, algodão, cera e outras mercadorias. Apenas os que estivessem devidamente licenciados e vivessem perto da fonte podiam negociar com esses artigos. A proximidade ao palácio ajudava na obtenção de licenças. Como na Europa, estabeleciam-se monopólios, e os indivíduos com ligações ao palácio detinham concessões comerciais sobre os bens essenciais.

Pouco se sabe da primeira impressão que Gracia terá tido do seu novo local de residência. A 11 de Novembro de 1553, D. Afonso de Lencastre, enviado extraordinário de D. João III de Portugal (1502–57), dizia no seu relatório ao rei que «Gracia se arrependera de ter vindo para a Turquia» e que regressaria de bom grado a um país cristão. Diziam os boatos que ela foi desencorajada e que tentou obter um salvo-conduto para França. O embaixador escreveu que Gracia continuava a ser cristã e que a filha dela ainda se encontrava disponível para casar.[229] Seja o que for que Gracia possa ter pensado da sua nova terra, os anos seguintes foram os mais bem sucedidos e prósperos da sua vida.

A riqueza de Gracia parece ter despertado a inveja dos poderosos. Ao que tudo indica, o sultão exigia-lhe todos os anos 10 000 ducados pela autorização de residência, pagos através do paxá Rustam.

Afinal, ao invés de um regresso de Gracia à Europa, em Novembro de 1553 «Jehan Miquez» embarcou de Ancona para Constantinopla, tencionando voltar três meses depois. Antes disso, Miques havia tentado desesperadamente, mas sem êxito, obter um parecer pontifical que validasse o seu casamento com Gracia la Chica, para poder retirar a «sua esposa» e os bens dela da Europa cristã. Esse pedido, obviamente, pode ter sido apenas um estratagema da parte de João para debelar as suspeitas quanto aos seus verdadeiros intentos. Ele não teria optado por ficar em Constantinopla contra a vontade de Gracia, que tinha combinado a viagem do sobrinho via Ancona, onde um janízaro o aguardava com um salvo-conduto do príncipe Selim, futuro sultão.

Depois de se estabelecer em Constantinopla, Nasi foi circuncidado em Abril de 1554. Através desta cerimónia ele reingressava publicamente na comunidade judaica. Dois meses depois casava-se com a prima direita, Reyna. Segundo Dernschwam, a grandiosa festa de casamento incluiu convidados ilustres como Michel de Codignac, o embaixador francês, que deixou a sua residência em Péra para participar nas festividades.[230]

Quem é judeu?

Os rabinos no Império Otomano tinham a difícil tarefa de distinguir os judeus dos milhares de cristãos-novos, ou melhor judeus-novos, no seu seio. Entre as muitas decisões rabínicas, várias tinham de abordar os motivos da conversão de uma pessoa ou de uma família. Os rabinos distinguiam os *anusim*, ou conversos forçados, dos *meshumadim*, ou apóstatas.

Em Espanha, os tribunais rabínicos estabeleceram várias directrizes para os *anusim* e para a comunidade judaica. De acordo com os seus pareceres, os criptojudeus eram aqueles que não tinham possibilidades de partir para outro país. Esses violavam a lei judaica mas não eram gentios. Os que participavam livremente nas cerimónias cristãs e não guardavam o Sábado já não eram considerados judeus.[231] Com a passagem do tempo, porém, a linha de divisão tornava-se menos rígida. Os *anusim*, mesmo no espaço de uma geração, podiam transformar-se em *meshumadim*.

Os rabinos tinham também de decidir sobre o casamento levirato. Segundo a tradição, apoiada nos preceitos bíblicos, a viúva tinha de casar com o irmão do falecido marido. Estes casamentos reforçavam o vínculo à família e à comunidade, para além de preservar a riqueza.

Várias decisões tomadas pelos rabinos de Salonica entre 1499 e 1514 referem-se à situação particular dos conversos de Portugal. Já em 1497 os rabinos consideravam nulo o casamento contraído após uma conversão. Qualquer mulher era livre de voltar a casar; se o marido converso morresse sem descendência, a viúva não era obrigada a casar com o cunhado, sobretudo porque os conversos eram considerados apóstatas, não vítimas.[232] Em Janeiro de 1514, contudo, o segundo parecer dos rabinos de Salonica foi adoptado, segundo o qual uma viúva sem filhos estava prometida, ao abrigo da lei do levirato, ao irmão do marido, mesmo que este fosse converso e vivesse em local onde era perseguido. O parecer constituía um reconhecimento tácito do facto de a maioria dos conversos se ter mudado da Península Ibérica para um país cristão e não para o Império Otomano, onde podia professar livremente a fé dos seus antepassados.[233]

Quando perdeu o marido, Gracia já tinha uma filha. Mesmo pelo segundo parecer de Salonica, ela não estava obrigada a casar com o cunhado. A decisão aparentemente curiosa de Gracia de não casar com Diogo pode ter sido baseada no parecer promulgado em Salonica.

Ao abrigo da lei judaica, se José Nasi estivesse de facto casado com Gracia la Chica, esse casamento teria de ser dissolvido antes de ele poder casar com Reyna. Seria possível simplesmente ignorar um casamento supostamente consumado entre dois conversos? No que respeita a países cristãos, segundo Simon ben Zemah Duran, «um casamento é válido se a coabitação do casal teve lugar numa localidade onde judeus, qualificados para testemunhar, estivessem disponíveis na altura para o fazer e tivessem tomado conhecimento do facto».[234] Os pareceres dos rabinos de Salonica, desqualificando casamentos entre cristãos-novos, seguiram a mesma orientação. Uma vez que os votos conjugais não foram trocados perante testemunhas judaicas, nem judeu algum tomou conhecimento do acto, o casamento de José Nasi com Gracia la Chica não era vinculativo.

Do rapto de Gracia la Chica (a 15 de Março de 1553), José Nasi só obteve perdão a 9 de Abril de 1567. A proposta de perdão foi confirmada unanimemente pelos 26 membros do Conselho, segundo o relato do núncio em Veneza, Michele Bonelli, numa carta a Roma de 12 de Abril de 1567. Anteriormente a essa data, Nasi oferecera várias vezes os seus serviços à república.

A empresa Mendes-Nasi

Entre os prósperos mercadores judeus, a família Mendes-Nasi era provavelmente a mais rica. Na década de 50 do século XVI, a sua riqueza estava avaliada em 400 000 ducados.

Os sultões apoiavam e confiavam na família, que contribuíra para o aumento do comércio em todo o império através de práticas e métodos sofisticados adquiridos e aperfeiçoados durante a sua permanência na Europa.

A área sob domínio otomano era maior do que os territórios dos Habsburgo e a sua força militar superior à dos exércitos cristãos rivais. Contudo, a superioridade tecnológica da Europa, especialmente na condução do comércio, era manifesta. As carroças e as carruagens eram superiores aos camelos; os barcos europeus eram de melhor construção e a arte de navegação mais avançada. O sultanato só tinha a ganhar com a experiente e viajada família Mendes-Nasi.

Gracia e José Nasi conseguiram envolver-se na arrematação de impostos (cobrando vários tributos para o império) porque tinham meios para conceder grandes adiantamentos em dinheiro ao tesouro público. O seu conhecimento dos assuntos políticos europeus e a colocação estratégica de agentes nos principais centros económicos da Europa tornavam a família um trunfo inestimável para a Porta Otomana. Os Nasi depressa se estabeleceram como os mentores da comunidade judaico-portuguesa. No entanto, o passado cristão da família e outros estranhos costumes religiosos levaram os rabinos a questionar as suas actividades.

Em meados do século XVI, os membros da família Mendes-Nasi eram os comerciantes judeus mais notórios do Império. A sua imensa riqueza, a sua influência excepcional e estilo de vida grandioso chamaram a atenção dos visitantes judeus à Sublime Porta. Dernschwam dedica várias páginas a Gracia Mendes, em que o ódio se confunde com uma admiração despeitada.

Em 1553 chegou a Constantinopla, vinda de Veneza, uma idosa portuguesa com a sua filha e seu séquito. Os judeus têm versões diferentes sobre o marido dela. Segundo alguns, chamava-se Diego Mendes, e o irmão dele era Francisco de Antuérpia.

Diz-se que após a morte do marido ela fugiu com a sua imensa riqueza de Veneza, onde tem ainda uma irmã, que a devia ter seguido, mas que ficou retida por uma razão ou outra.

Os judeus vangloriam-se dela, chamando-lhe Señora. *Ela comporta-se como tal, entre pompa, fausto e criadas, duas das quais são dos Países Baixos.*

Dizem que era marrana mas que voltou a ser judia. Vive em Constantinopla, não entre os judeus mas em Gálata, num palacete luxuoso, rodeado de jardins, que ela toma de aluguer por um ducado por dia. Os Venezianos prenderam-na e quiseram mantê-la, mas ela encetou negociações secretas com o médico do imperador, que esperava casar o filho com a filha da mulher portuguesa, e os Venezianos tiveram de a libertar.[235]

Diziam os boatos que Moisés Hamon (1490–1554), médico de Solimão II e Selim II, ajudou Gracia a mudar-se para Constantinopla na esperança de que como recompensa o seu filho casasse com Reyna, a herdeira fabulosamente rica.[236] Fosse como fosse, Hamon continuou a ser amigo de Gracia, apesar de o filho não ter casado com qualquer das raparigas Mendes. Pensa-se mesmo que em vez de se sentir ofendido, ele se opunha ao casamento do filho com uma cristã-nova reconvertida de Antuérpia, que por desconhecer as normas rabínicas poderia inesperadamente reincidir uma recaída e voltar a praticar os rituais cristãos. Ele queria que o filho casasse com uma rapariga judia de pais judeus.

Tendo em conta que Dernschwam foi durante muitos anos agente dos Fugger e que Diogo Mendes negociava frequentemente com os Fugger de Augsburg, o alemão afigura-

-se surpreendentemente ignorante em relação a Gracia e à sua família, dependendo sobretudo de mexericos locais. Dernschwam relata fielmente tudo aquilo que ouve dizer nas ruas, especialmente da boca dos judeus, como sugere a seguinte observação:

> *Segundo dizem, o marido dela era marrano e, no seu leito de morte, pediu à mulher que o seu corpo fosse retirado daquele país cristão e enviado para ser enterrado em Jerusalém, o que ela realmente fez em 1554, prestando-lhe toda a consideração a que os judeus lá têm direito. Ela é uma mulher inteligente e eficiente* [geschwidtz], *como Barbara de Colónia*[237], *gerindo grandes negócios externos em lã, pimenta e cereais com Veneza, e com toda a Itália.*
>
> *Ela prometeu a mão da filha a um espanhol ou português que serviu o imperador romano, um que os prisioneiros locais tinham conhecido pessoalmente. Segundo dizem, ele não é outro senão o filho da irmã dela.*[238] *O nome dele, apesar de todos os judeus o conhecerem muito bem, é sempre dado de maneira diferente, para tornar difícil identificar o patife. Ele chama-se, segundo consta, Juan Miquez, ou Six, e é filho de um médico, conhecido pelo nome de Samuel.*[239]

Apesar da sua pena venenosa, a posteridade pode agradecer a Dernschwam uma descrição pormenorizada de José Nasi. Como ele afirma:

> *O supracitado patife chegou a Constantinopla em 1554, com cerca de vinte criados bem vestidos, que o seguiam como se ele fosse um príncipe. Vestia trajos de seda, com forros de pele de marta. Seguindo o costume turco, dois janízaros precediam-no, para que ninguém o molestasse. Em 1554, fez-se circuncidar. Depois, casou-se com a filha...*[240]
>
> *A supradita* Señora *e o seu genro mantêm uma casa luxuosa, própria de um príncipe. Todos os dias põem a mesa para oitenta*

pessoas. Muitas pessoas podiam ter sido envenenadas dessa forma; há qualquer coisa neles que não está bem. Ela afirma que deixou uma grande fortuna na Europa que em breve chegará às suas mãos. Mas com as suas despesas, depressa encolherá, uma vez que ela paga generosamente aos paxás, e tem doado vários milhares de ducados ao hospital judaico, e distribuído dinheiro pelos pobres.[241]

Dernschwam admite que Nasi era bem-parecido, descrevendo-o como um «homem alto de barba muito curta» (isto é, o tipo português), mas é incapaz de perdoar Nasi por este seguir a moda da nobreza europeia e organizar torneios e representações teatrais nos seus jardins.[242]

Embora Andreas Laguna vá buscar a maior parte das suas informações a Dernschwam, o seu tom é menos hostil. No seu romance *Viaje de Turquia*, «Don Juan Micas» chega à Turquia como estrangeiro distinto, faz a circuncisão, «e agora dá pelo nome de José Nasi».[243]

As crises de Ancona e Pesaro

Em Constantinopla, Gracia dava grandiosas recepções na sua casa apalaçada, tendo como convidados os principais intelectuais judeus e membros da família do sultão. Mas tanto ela como José eram conhecidos e respeitados pelas suas obras filantrópicas. Gracia retomou também as suas relações com criptojudeus que conhecera em Ferrara e Veneza, alguns dos quais se haviam estabelecido em Salonica e outros na Constantinopla imperial.[244]

Um acontecimento imprevisto, porém, iria alterar subitamente a sua segurança e condição feliz.

A 21 de Setembro de 1532, um dia depois de Clemente VII ter assumido o domínio de Ancona, foi publicado um alvará garantindo a segurança e o livre-trânsito dos mercadores, visando especialmente os «de Portugal e Espanha, juntamente com suas esposas, filhos, famílias, criados e bens».[245] O alvará reconfirmava os direitos dos mercadores ocidentais de viajar para o Levante se quisessem, autorizando-os a levar consigo as famílias e os bens. Esses direitos eram praticamente os mesmos que os concedidos aos mercadores levantinos que entre 1514 e 1518 tinham recebido concessões de comércio individuais de Ancona.

Ancona foi o primeiro porto do Ocidente a oferecer esses direitos formais a mercadores do Levante. É de salientar que a Porta Otomana tinha conhecimento e estava implicada nessas concessões. Os mercadores incluíam os cristãos ortodoxos, muçulmanos e judeus que tinham começado a fixar-se na cidade, gozando de uma condição de quase-residentes. Estes recém-chegados eram diferentes dos *infideli* locais, visto que os judeus levantinos não tinham de usar o distintivo do «O», que era imposto aos nativos. Uma das condições do alvará de 1532 era que os comerciantes levantinos fossem obrigados a negociar exclusivamente com Ancona. Pouco a pouco os recém-chegados da Península Ibérica iam recebendo os mesmos privilégios que os seus concorrentes levantinos, grupo que incluía vários ex-conversos que tinham fugido para o Império Otomano.

Em 1533, na esperança de tornar desnecessária a sua partida para o Levante, Clemente VII declarou que todos aqueles que tinham sido baptizados à força não deviam ser considerados membros da Igreja. Florença e Ferrara seguiram o ditame papal, visto que isso servia os seus próprios interesses económicos.

A 23 de Dezembro de 1534, durante o papado de Paulo II, um salvo-conduto oficial para mercadores estrangeiros atribuiu direitos de comércio aos turcos, judeus e «outros *infideli*».[246] Ao contrário do que acontecia em Veneza, onde os comerciantes, aceites como residentes temporários, de vez em quando tinham de partir, em Ancona, não obstante a sua cláusula *pro tempore commoranti*, a situação era mais flexível, não havendo um limite de tempo. Além disso os conversos teriam um período de graça de quatro meses no caso de o alvará ser revogado.

Os comerciantes de Ancona, cientes da sua situação especial, esperavam mesmo melhorá-la obtendo uma protecção papal directa para evitarem medidas potencialmente hostis da parte dos poderes seculares, como o cativo de bens até ao pagamento de dívidas noutras terras.

Em 1544 Ancona concedeu aos judeus levantinos (incluídos em «turcos, gregos e outros levantinos») o direito de usufruir da sua própria sinagoga.[247] Essas generosas concessões encorajaram os cristãos-novos a estabelecer-se como judeus e a basear os seus negócios em Ancona.[248] Em qualquer questão de heresia, a cidade prometia que eles responderiam apenas perante o próprio papa e que estariam isentos de perseguição religiosa e de acusações resultantes das suas vidas cristãs anteriores à chegada a Ancona. A cidade tinha uma população judaica antiga e indígena. Quando Paulo II declarou a cidade um porto livre, os direitos dos não cristãos foram garantidos, incluindo a isenção de tributação especial e do uso obrigatório de um distintivo no vestuário.

A ascensão de Ancona ocorreu ao mesmo tempo que a de outros portos, «tão amplamente dispersos como Londres, Antuérpia, Ragusa (Dubrovnik) e Constantinopla».[249] A cidade prosperou graças aos estrangeiros que orientavam as suas mercadorias através do porto. Os nativos de Ancona, beneficiando desse crescimento económico, encorajavam e atraíam os mercadores com taxas aduaneiras muito baixas (por vezes chegando ao 1 por cento). Até ao final do século XV, Ancona mantinha ligações sobretudo com o Adriático, com a excepção de alguns navios que viajam anualmente para o Mediterrâneo oriental, principalmente para Constantinopla e Alexandria. Como Ragusa, Ancona servia de intermediária entre os mundos económicos islâmico e cristão. O seu papel político e diplomático era no entanto muito mais reduzido.

Nos anos 20 do século XVI, o comércio de tecidos de Ancona tornou-se bastante importante; estendeu-se a Lyon, no Ocidente e ao Império Otomano, no Oriente. Até Florença fazia uso de Ancona, porque a cidade tinha desenvolvido um mercado dentro das suas muralhas e vendia directamente a mercadores estrangeiros. Enfraquecida política e militarmente, Veneza já não era capaz de dominar o comércio no Adriático. Em Ancona, os mercadores italianos vendiam têxteis de Antuérpia a comerciantes no Mediterrâneo Oriental. Judeus, turcos e gregos participavam nesse comércio. O mais poderoso era o novo grupo de mercadores levantinos portugueses, que tinha também um papel importante no comércio de peles de animais.[250] Entre este grupo, muitos eram autorizados a residir na cidade portuária.

Antes da catástrofe imprevista, muitos conversos regressaram mais ou menos publicamente ao judaísmo normativo. A tolerância papal antecedeu a dos governantes italianos porque o Vaticano reconheceu a mudança no padrão do comércio mundial e resolveu adaptar-se ao mesmo. O documento mais significativo, assinalando a viragem da política papal, foi o salvo-conduto para os judeus «Ponentine», assinado a 21 de Fevereiro de 1547, convidando «toda e qualquer pessoa de ambos os sexos dos reinos de Portugal e do Algarve... incluindo cristãos-novos», para Ancona.[251] No seu breve, o papa incitava os «cristãos-novos ... oriundos da nação judaica» a instalar-se na cidade.

Como em todos os lugares onde desfrutavam de algum grau de liberdade, os judeus em Ancona manifestavam a sua etnicidade distintiva. Embora não estivessem protegidos da

Inquisição, não se preocupavam com o Santo Ofício. Nesta prosperidade relativamente descontraída de 1549, cerca de 35 famílias conversas portuguesas decidiram fundar um banco.[252] Depois de a cidade aceitar as suas condições, um enviado extraordinário seguiu para Roma com o fim de obter a aprovação papal. Os portugueses pediam as mesmas condições de que gozavam os banqueiros judeus autóctones, mostrando assim que já se haviam tornado concorrentes económicos dos judeus italianos de Ancona.[253] Depois de os privilégios bancários terem sido aprovados, os portugueses tornaram-se tão procurados como a poderosa casa bancária dos Bonaventura, com condições idênticas – um desafio ao «monopólio italiano».[254]

Contudo, após a morte do papa Paulo III a 10 de Novembro de 1549, os comissários papais opuseram-se de imediato ao pedido para que o papa julgasse pessoalmente os conversos em questões de heresia. O próprio enviado extraordinário – um cristão de Ancona, chamado Rafaele Graziani – criticou vivamente o pedido: «Que pretendem eles: viver como judeus ou como cristãos?» Sabendo que os conversos portugueses queriam as duas coisas, acrescentou: «senza ordine et timor di justicia».[255]

O novo papa, Júlio III (1487–1555), tendo primeiro reconfirmado as anteriores concessões papais, queixou-se a 22 de Março de 1552 de que os portugueses não estavam a pagar os seus privilégios. Além disso, acusou muitos judeus de se dedicaram a actividades bancárias sem licença, sem pagar a «*vigesima*», o imposto judeu habitual. As suas acusações eram infundadas. Os portugueses tinham sido isentados desses impostos, mas o papa não queria perder essa receita.

Por fim, chegou-se a um compromisso. Os banqueiros portugueses iriam pagar 1 000 *scudi* anualmente ao tesouro papal e conceder 1 800 *scudi* em «empréstimo» (dos quais

1 000 seriam restituídos após 4 anos). De acordo com uma bula especial, os banqueiros estavam isentos de todos os outros impostos, exceptuando a sua parte no tributo aduaneiro geral de 300 000 ducados que todos os habitantes da cidade tinham de pagar. Mesmo os 1 000 *scudi* que os banqueiros tinham de desembolsar pelas concessões seriam aplicados nesses pagamentos globais. No entanto, as taxas de juro dos conversos não podiam ultrapassar os 25 por cento. Muitas vezes os bancos tinham de cobrar à cidade juros abaixo do valor de mercado. Por consequência, ofereciam subornos, como acontecia em Veneza, onde os banqueiros judeus usavam os seus bancos para conseguir direitos de residência, muitas vezes com prejuízo. Bastante significativo, porém, era o facto de as indulgências papais obtidas para Ancona serem depois usadas noutros lugares «como um esforço muito maior da parte da nação – os conversos portugueses – para combater o Santo Ofício português com um instrumento disponível».[256] A demonstração da tolerância papal em Ancona criou um modelo «segundo o qual a conduta religiosa de um indivíduo podia ser ignorada pelo Estado».[257] O precedente de Ancona depressa foi emulado na Itália e mesmo em França.

Entretanto, como os cristãos-novos se espalhavam cada vez mais pela Europa, uma política reguladora adequada tornou-se uma prioridade para a Igreja. Reorganizada em 1536, seria a Inquisição a lidar com esse problema, mesmo que alguns governos decidissem receber cristãos-novos nos seus territórios.

A subida ao trono papal de Paulo IV (Giovanni Pietro Caraffa, 1476–1559), conhecido fanático antijudaico, veio provocar grandes mudanças. O papa Paulo IV ficou na história pelo seu nepotismo em grande escala; como reorganizador da Inquisição e como adversário feroz de Isabel I da Inglaterra e dos luteranos. O seu alvo preferido foram, porém, os cristãos-novos. Mesmo antes da sua eleição papal, como chefe da Inquisição de Roma, Caraffa tinha incitado Júlio III a voltar-se contra os cristãos-novos portugueses. Em termos da história dos judeus e conversos de Ancona, ele foi a causa da maior tragédia que alguma vez lhes sucedeu. Entre 1556 e 1557, Paulo IV pôs fim à tolerância papal para com os judeus e conversos. Nesse período revogaria o anterior salvo-conduto concedido aos cristãos-novos portugueses. A perseguição aumentou e resultou mesmo em autos-de-fé.

A princípio, Paulo IV voltou a ratificar o salvo-conduto dos conversos, uma possível estratégia para mantê-los distraídos. Em 1555, quando os conversos de Ancona foram presos, sendo 24 condenados à fogueira, a rapidez dos acontecimentos provocou uma onda de choque que chegou mesmo até Constantinopla.

Paulo IV nomeou para comissário apostólico um célebre caçador de judeus. Homem de confiança do papa, Giovanni Vincenzo Fallongonio de Nápoles iria tratar dos cristãos--novos de Ancona. Os privilégios já não podiam ser comprados como no passado. Muitos conversos foram presos; outros foram vendidos a Malta como escravos de galé. No final, cerca de 30 conseguiram escapar, porque Fallongonio não era totalmente adverso ao suborno.[258]

Amato Lusitano, o famoso médico e amigo da família Mendes desde os tempos de Antuérpia, foi advertido; teve a sorte de conseguir refúgio em Pesaro, onde chegou com apenas a roupa que tinha no corpo.[259]

Os cristãos «reversos» que tinham fugido de Ancona para Pesaro foram bem recebidos pelo duque Guidobaldo II della Rovere. O duque esperava usá-los nos seus planos para desenvolver o comércio internacional e transferir a sua capital de Urbino para Pesaro. Em Pesaro, os refugiados de Ancona juntaram-se a uma pequena comunidade portuguesa que para aí imigrara depois da peste de 1551 em Ferrara, onde tinham sido acusados de envenenar os poços. Pesaro tornou-se assim um refúgio e uma potência comercial, competindo com Ancona.

Dirigindo o boicote contra Ancona

Os judeus e cristãos-novos da Europa, assim como os do Levante, tinham opiniões diferentes e antagónicas em relação ao panorama criado pelos novos acontecimentos. Quando a gente de Pesaro apelou a um boicote contra Ancona, o mundo do comércio judaico e converso entrou em tumulto.

Os boatos das detenções de alguns dos seus agentes em Ancona chegaram aos ouvidos de Gracia no Outono de 1555. Ela conhecia muitas das vítimas pessoalmente; uma delas, Mosso, era seu agente.

Assim que os conversos de Pesara entraram em contacto com Gracia, na altura dos primeiros autos-de-fé, ela e o genro convenceram o sultão a interceder junto de Roma. Gracia solicitou e recebeu uma audiência do sultão Solimão, que prometeu investigar as suas acusações. A família iniciava assim, em apoio de Pesaro, um boicote bem organizado e bem financiado contra Ancona.

Embora este não fosse o primeiro boicote comercial do início da era moderna, foi o primeiro organizado por judeus, para não dizer uma judia.

Gracia queria saber da sorte dos seus agentes, como também dos seus seis empregados assassinados no mar quando rumavam a Vidin. Talvez por instigação sua, a 9 de Março de 1556 Solimão escreveu ao papa e exigiu a libertação dos homens, a quem chamou seus súbditos. O sultão pediu também a libertação dos bens confiscados.[260] A resposta do papa, a 1 de Junho de 1556, foi curta e seca: os que nunca haviam declarado ser cristãos podiam partir com os seus bens. Mas à afirmação do sultão de que os portugueses eram seus súbditos, o papa argumentou que os acusados nunca tinham estado no Levante e que eram simplesmente hereges.

Para os portugueses baptizados, como Yacobo Mosso, que em Ancona tinham regressado publicamente ao judaísmo e que agora se recusavam a penitenciar-se, não havia perdão. Era do conhecimento público que pelo menos parte dos bens de Mosso pertenciam à empresa Mendes-Nasi. A 13 de Junho de 1556, Mosso morreu na fogueira; os seus bens, contudo, foram devolvidos aos patrões.[261]

Durante a Primavera e o Verão de 1556, foram realizados vários autos-de-fé no Campo della Mostra. Os que se recusavam a fazer penitência eram estrangulados e depois queimados. Cerca de 25 foram mortos. Um suicidou-se saltando para as chamas, outro saltando da janela da sua cela de prisão. Segundo consta, os que eram queimados vivos rezavam em voz alta o «Shma Yisroel, enquanto eram consumidos pelas chamas».[262]

Na altura destes acontecimentos, meados do século XVI, viviam em Constantinopla cerca de 50 000 judeus. Representando um forte poder económico, sentiam-se preparados para mostrar a sua influência.

A decisão de apoiar um boicote económico contra Ancona foi de Gracia. Procurando apoio jurídico para o seu plano, encarregou o rabi Juda Faraj, o porta-voz de Pesaro, de convencer os principais rabinos de Constantinopla (José ibn Lev, Abraão Yerushalmi, Salomão Bilia e Abraão Saba) a apoiar o boicote e a instar as suas congregações a fazer o mesmo. Faraj recolheu as assinaturas dos principais rabinos e levou-as, como Gracia havia pedido, a Josué Soncino, um dos rabinos mais respeitados do império e apoiante de Ancona. Soncino recusou-se a assinar, apesar das assinaturas dos seus ilustres colegas, porque acreditava que além de provocar o aumento da perseguição externa, o seu apoio ao boicote faria também aumentar o conflito interno entre os judeus.

As melhores fontes para uma avaliação da gravidade da disputa em que se envolveriam os judeus das cidades otomanas são as *responsa* dos seus rabinos, que também nos esclarecem sobre a história social e comunal dos judeus dessa época. «A questão legal que os rabinos das grandes cidades do Império Otomano foram chamados a resolver fornece-nos alguns dados importantes, revelando-nos o modelo de comércio existente entre essas cidades e as da costa adriática da Itália, e no qual os judeus, especialmente os conversos da diáspora portuguesa, desempenharam um importante papel».[263]

Alguns rabinos achavam que uma vez que dois papas tinham concedido direitos aos conversos portugueses para praticar o judaísmo, os decretos do papa Paulo IV não eram «a lei legítima e vinculativa da terra», ignorada pelos conversos; pelo contrário, era o próprio papa que desrespeitava a lei estabelecida.[264] Esses rabinos concluíram que os decretos papais tinham por isso mais a ver com a vontade da Igreja de confiscar de novo a riqueza dos judeus.

Os conversos de Pesaro afirmavam que o duque Guidobaldo III os recebera (contra a vontade do papa), apenas na condição de que desviassem o comércio de Ancona para Pesaro através de um boicote organizado por mercadores judeus do Império Otomano.[265] Eles insistiam que apenas um boicote total ao porto de Ancona podia garantir a segurança dos refugiados em Pesaro.

Preocupados com os seus próprios interesses e com o seu futuro, os restantes judeus de Ancona opunham-se veementemente ao boicote. Alegavam que este punha em perigo a antiga população judaica de Ancona, que poderia vir a sofrer represálias.

Por exemplo, o rabi Moisés Bassola escreveu aos seus colegas otomanos a pedir-lhes, através de circulares, que reconsiderassem o boicote ou que, pelo menos, deixassem os habitantes judeus de cada cidade decidir por si. Os decretos papais e o boicote subsequente prejudicaram de facto Ancona, como se vê na petição do governo da cidade ao papa, pedindo-lhe para retirar os processos inquisitoriais de Ancona porque estes estavam a antagonizar os mercadores orientais e «a afectar negativamente o comércio da cidade».[266] Logo no início do boicote, os mercadores da cidade afirmaram que esta se encontrava abandonada. Queixavam-se de que os judeus turcos e os não judeus levavam os seus barcos para Veneza. O papa, contudo, não aceitou a petição. Gracia, a força motriz por trás do boicote retaliatório dos levantinos, deve ter ficado satisfeita, porque, pelo menos no início, isso contribuiu para uma forte quebra do comércio em Ancona.

Entretanto, os habitantes de Ancona lembravam aos rabinos residentes no império que o irmão do duque e um grupo de amigos tinham um dia entrado na sinagoga de Pesaro, arrastado os rolos da Torá para a rua, rasgando-os, e envolvido nos mesmos um porco, que foi depois conduzido para o palácio ducal no meio de grande folia.[267] Era incorrecto por isso afirmar que os judeus estariam melhor em Pesaro. Deviam ter emigrado todos para o Império Otomano, que lhes concedera a liberdade religiosa.[268]

Os judeus de Ancona argumentavam que nada de mal aconteceria aos conversos de Pesaro se o boicote fosse abandonado; com os seus actos egoístas eram os próprios conversos de Pesaro que punham em perigo a segurança de todos os judeus nos Estados da Igreja.

Concordando com os argumentos dos judeus de Ancona, o rabi Josué Soncino de Constantinopla votou inicialmente contra o boicote. Depois, em quatro respostas separadas, expôs os possíveis cenários e perigos para as comunidades judaicas. Ele fez circular os seus pontos de vista e conclusões por todo o Levante e foi prontamente secundado pelos rabinos não ibéricos, cujas congregações não tinham qualquer interesse no boicote. Visto que dispunham da oportunidade de viver livremente como judeus no Império Otomano mas optaram por ficar numa terra cristã, o rabi Soncino considerava os judeus ibéricos de Ancona responsáveis pela sua própria sorte: que não devia ser nem lamentada nem vingada. O rabi ficava particularmente ofendido com qualquer judeu que deixasse Salonica e regressasse a Itália para lá fazer negócios, como *mercante levantino*.[269]

Convocado por Nasi ao palácio da família, o rabi Soncino emprestou condicionalmente a sua assinatura ao boicote, mas propôs enviar à sua custa um emissário a Veneza e a Pádua para obter as opiniões dos judeus lá residentes. Por sua vez, Gracia enviou o seu mensageiro especial aos mercadores de Ancona, ameaçando-os com represálias económicas. Nasi exerceu a sua própria pressão financeira, ameaçando deixar de apoiar os rabinos que não seguissem as resoluções da família. As comunidades asquenazim e *romaniot* acabaram por ceder às pressões dos Mendes; mas a oposição mais sonora, liderada pelo rabi Soncino, foi suficientemente forte para tornar o boicote impraticável. Nem todos os mercadores levantinos eram judeus e nem todos os judeus levantinos faziam comércio com conversos portugueses.

No que respeita às diferentes atitudes para com o boicote, os documentos mostram claramente que as reacções individuais das comunidades baseavam-se essencialmente nos seus próprios interesses económicos. A maioria dos judeus de Salonica era constituída por artesãos ou tecelões, que fabricavam, entre outros artigos, bonés de fazenda para os uniformes dos janízaros. A cidade restringiu a importação de tecidos mais baratos de Ancona. Devido a esta concorrência com Ancona na indústria têxtil, Salonica estava preparada para participar no boicote – especialmente se Constantinopla, Adrianópolis, Bursa e Avlona resolvessem fazer o mesmo.

Tendo decidido participar, Constantinopla comprometeu-se a manter o boicote até à Páscoa seguinte, para a qual faltavam ainda oito meses. Nessa altura interromperia o boicote, a menos que as restantes cidades quisessem prolongá-lo. Adrianópolis apoiou o plano, mas apenas por uma escassa maioria de votos, ao passo que Bursa rejeitou por completo a ideia, apelidando-a nada menos do que uma conspiração interesseira por parte dos cristãos-novos de Pesaro. Assim, mesmo antes da Páscoa de 1557, o boicote não foi inteiramente cumprido, ou foi secretamente contornado. Os dois lados bombardearam as várias comunidades de judeus otomanos com pedidos de apoio.

No início, quando Gracia se dirigiu aos rabinos do império, ela partiu do princípio de que conseguiria levar a cabo o seu plano graças à influência da família. Ela exigia a excomunhão de todos aqueles que rompessem o boicote.[270] O rabi Joseph Caro, autor de *Shulhan Arukh*, e o genro deste, outro intelectual de Safed, apoiaram o boicote porque tinham sido protegidos pela família Nasi. Além disso, José Nasi pressionou com êxito a sinagoga alemã a proclamar oficialmente o boicote.

É evidente que os prejuízos financeiros pessoais contribuíram para a indignação moral de Gracia, assim como o seu desejo de vingar as crueldades perpetradas contra os conversos de Ancona. A Porta Otomana alegou também ter tido perdas financeiras. Depois de convencer o paxá Rustam, Gracia conseguiu mandar chamar o cônsul e informou-o de que o império sofrera um prejuízo imediato de 400 000 ducados. A libertação de funcionários e residentes turcos foi também exigida, uma vez que estes se encontravam apenas de visita a Ancona.

A família Mendes-Nasi tinha fortes ligações com os conversos portugueses de Ancona. Contudo, os homens de negócios judeus, representados pela facção de Soncino, não eram parceiros comerciais da família. Os cristãos-novos portugueses de Ancona foram mortos, expulsos ou fugiram para Pesaro. Mais do que por indignação moral, os membros da família Mendes-Nasi foram movidos pelo interesse económico quando insistiram em apoiar Pesaro, para onde os seus parceiros comerciais tinham fugido.

Impelida por semelhantes motivações económicas, Salonica apoiou imediatamente o boicote. Entre os asquenazes e os *romaniot*, dos quais apenas alguns negociavam com os conversos portugueses, a votação foi mais simbólica, porque os distúrbios não afectavam os seus negócios. Assim, sem um apoio unificado, a ideia ousada e impressionante do boicote acabou em nada, pela razão habitual: os grupos de interesses venceram. Gracia foi derrotada; o comércio com Ancona voltou a crescer e, em 1558, o desgostoso duque, procurando talvez colocar-se de novo nas boas graças do papa, expulsou todos os conversos de Pesaro.

Mesmo depois do fiasco de Ancona, as relações de Gracia com a Porta Otomana continuaram a ser cordiais. Em 1565, quase dez anos depois, Gracia solicitou uma audiência a Solimão II, no decorrer da qual se queixou dos piratas que tinham capturado um navio no porto de Santorini com bens pertencentes aos seus agentes e vendido as mercadorias em Naxos. A 20 de Janeiro de 1565, Solimão ordenou ao bei de Naxos, Santorini e Paros que devolvesse os bens.

Caras novas em Constantinopla

Expulsos de Veneza no início de 1556, durante o episódio de Ancona, Brianda, Gracia la Chica e o noivo desta, Samuel

(Bernardo) Nasi, viviam em Ferrara, onde tinham encontrado refúgio. No entanto, quando decidiram juntar-se ao resto da família em Constantinopla, o duque criou-lhes imensas dificuldades. Selim (futuro sultão e na altura bastante influente junto de Solimão) enviou Hassan, emissário do paxá Rustam, no início de 1556, com cavalos e outras ofertas, ao duque de Este. Hassan chegou via Ragusa e pediu, também em nome de José Nasi, a libertação de Gracia la Chica e do «esposo». O pedido levou muito tempo a ser satisfeito. Gracia la Chica e Samuel, que já se havia declarado judeu, casaram-se ainda em Ferrara, em 1558, depois de a noiva fazer dezoito anos. O casamento foi celebrado de acordo com a tradição judaica. É geralmente aceite que a famosa medalha constituiu o presente de Gracia para os recém-casados.[271]

O papa e o imperador quiseram protelar a partida do casal. Estava em causa uma enorme fortuna com implicações em vários países. Além disso, Agostino Enriquez e Duarte Gomes, que haviam deposto perante a Inquisição, encontravam-se ainda na Europa. Depois da explosão de acontecimentos em Ancona, a situação dos dois agravou-se. Em 1557 foram de novo alvo de uma denúncia, tendo no entanto sido logo libertados.[272] A 6 de Março de 1558, o paxá Rustam foi informado de que o duque, que no início se recusara a deixar Samuel partir, tinha «autorizado o judeu, irmão de Zuan Miches», a abandonar Ferrara com o seu salvo-conduto de Constantinopla.

A longa e difícil batalha de Bernardo para sair de Ferrara chegou ao fim a 2 de Maio de 1558 (registado a 31 de Maio), quando Veneza resolveu emitir um salvo-conduto para ele e para a mulher, válido para uma única viagem sujeita ao pagamento regular de taxas aduaneiras.

Uma vez que o casamento de Gracia la Chica ocorreu pouco antes de o inquisidor-mor, o cardeal Ghislieri, ter iniciado a sua campanha contra os «marranos», a autorização do duque deve ter custado uma fortuna. Pelo menos foi isso que Enriquez alegou mais tarde quando se recusou a transferir para o Império Otomano grande parte do dinheiro que Gracia investira em Ferrara.[273]

O rabi Soncino demonstrou a sua integridade quando em 1562 foi chamado a julgar esse caso. Soncino decidiu contra Enriquez, que na altura se chamava Abraão Benveniste, em favor de Gracia.[274] O argumento de Soncino é bastante revelador do modo como judeus e conversos lidavam uns com os outros. De acordo com a sua decisão, Gracia não era obrigada a renegociar com um judeu uma transacção que acordara com um cristão.

Depois de o cardeal Ghislieri ter dispersado o círculo de humanistas cristãos-novos em Ferrara (1558), Abraão Usque, o tipógrafo, desapareceu durante algum tempo. Voltaria a aparecer com o filho e assistente para abrir uma tipografia em Constantinopla. Usque chegou mesmo a gerir uma editora hebraica e a fazer viagens entre o Império e a Itália ao serviço da família Nasi.

Outro velho amigo de Gracia a instalar-se em Constantinopla foi Amato Lusitano, que de Ancona se mudara para Ragusa e daí para o sultanato. Amato tinha sido alvo de fortes ataques em Ancona. Contara poder trabalhar calmamente em Ragusa sem ter de se fingir cristão. Não ficou muito tempo na República, mas durante os três anos em que serviu a cidade, viveu como judeu. Por fim seguiu os judeus e conversos que resolveram instalar-se no Império Otomano.[275] O ano de 1558 vai encontrar Amato em Salonica, para onde se deslocou com a ajuda da família Mendes, em especial de José Nasi.

Como prova da sua gratidão, Amato dedicou a obra *Centuria Curat Ionum* a Nasi. O médico português estabeleceu-

-se em Salonica, onde exerceu a sua actividade entre judeus e muçulmanos até morrer em 1568, vítima de uma epidemia de peste bubónica.[276]

Gracia e o repovoamento de Safed

Muito cedo Solimão II percebeu que a protecção das famílias Mendes-Nasi satisfazia a crescente necessidade que o império tinha de dinheiro vivo. As estreitas relações de José Nasi com a Porta Otomana evidenciam-se no facto de entre 1562 e 1565 o sultão ter enviado vários *firmans* (o *firman* é um édito com a assinatura do sultão) ao rei de França exigindo que este pagasse sem mais demora os 150 000 *scudi* devidos a Nasi. Quando a sua mensagem não obteve resposta, o sultão prendeu os mercadores franceses que visitavam os portos levantinos.[277] Petromol, o embaixador francês, estava convencido de que Nasi queria ser rei de um estado judaico em Tiberíades, e que por esse motivo exigia o seu dinheiro à França.[278]

Continua por se saber se Gracia ou José terão de facto recebido a oferta de Tiberíades e terras circundantes. Em 1560 Gracia obteve uma concessão do sultão, revalidada e transmitida a José Nasi em 1561, para reconstruir a cidade de Safed e repovoá-la com judeus. Todavia, escreveu Ha-Cohen, «José Nasi caiu nas boas graças de Solimão, que lhe ofereceu as ruínas de Tiberíades, com sete aldeias». Ele conta que a mensagem do sultão para o paxá de Safed dizia: «Faça tudo o que este homem desejar».[279]

Correu o boato de que Solimão oferecera as terras a Nasi no Outono de 1563 como recompensa pelo apoio do judeu ao príncipe Selim contra o príncipe Bajazé. No entanto, algumas obras da época, abordando a questão de Safed, referem-se a

Gracia como o *spiritus rector* da renovação. Fuhrer ab Heimendorf escreveu que Gracia recebera autorização do sultão para edificar Tiberíades, que segundo ele tinha 40 000 habitantes, na sua maior parte judeus expulsos de Espanha e Portugal.[280] O padre Giovanni di Calaorra, por seu lado, queixou-se de que nenhuma intervenção seria bem sucedida porque Gracia tinha o apoio do grão-vizir Rustam e do paxá Ali.[281]

A oferta incluía as cidades de Tiberíades e Safed, além de várias aldeias. Quem quer que tenha sido o beneficiário original da dádiva imperial, tanto Gracia como José estiveram envolvidos no projecto. Nasi ordenou o restauro das muralhas de Tiberíades e a reabilitação da cidade. O rabi José ben Ardut, recrutado por Nasi para ajudar a dirigir a obra, chegou à cidade em 1564.

Por decreto imperial, todos os trabalhadores especializados em argamassa e alvenaria tinham de ajudar a reconstruir as muralhas. Alguns operários muçulmanos, acreditando que quando as muralhas estivessem novamente de pé o reinado de Maomé chegaria ao fim, abandonaram as obras e fugiram. Outros atacaram os judeus da cidade. Depois da execução de dois chefes rebeldes, as obras nas muralhas foram concluídas em 1565.

Os primeiros biógrafos de Gracia achavam que enquanto José tinha a agricultura e o comércio em mente, ela interessava-se por Safed mais por razões espirituais. No entanto, tendo em conta a sua astúcia e atenção ao lucro, é bem possível que as novas oportunidades de negócio oferecidas por uma região reanimada não estivessem assim tão longe da mente de Gracia.[282]

José Nasi, que a princípio teve grandes planos para Safed, mandou lá plantar amoreiras na esperança de começar a criação de bichos-da-seda, como se estivesse resolvido a repetir o seu negócio de Lyon. Este projecto demonstra o sentido astuto de Nasi para novos investimentos. Por causa da crescente procura de sedas na Europa, havia um interesse cada vez maior nos métodos e vantagens da sericultura.[283] Perante a animosidade dos nativos, Nasi acabou por abandonar o desenvolvimento de Safed. Salomão Abenaes (Ibn Yaish), outro judeu português que lhe sucedeu na corte, deu continuidade a parte do seu projecto.

Muitos judeus na Itália, sobretudo os de Core, viram as suas esperanças de se fixarem em Safed frustradas quando Nasi abandonou a sua ideia e renegou a sua promessa.[284] Durante a segunda metade do século XVI, várias cidades foram reabilitadas, entre elas Safed, que se transformou num importante centro do têxtil. Em 1565, porém, já Nasi tinha perdido o interesse em Tiberíades; depois de 1566 começou a voltar a sua atenção para Naxos.

De um modo geral, a vida em Safed era diferente daquela que os judeus e conversos na Diáspora tinham sonhado. O ressentimento árabe inflamou-se bruscamente; bandos de drusos e beduínos atacaram repetidamente os colonos judeus, especialmente depois da morte de Nasi.

O mecenato judeu no Império Otomano

Nos meios judaicos a família Mendes-Nasi era sobejamente conhecida pelo seu mecenato e filantropia. Mesmo os seus inimigos reconheciam o valor das contribuições da família (na óptica turca, o mecenato não era uma característica particularmente judaica; a relação protector–protegido era um modelo social otomano amplamente difundido). A Nasi foi atribuída, por exemplo, a construção de novas sinagogas, entre elas a «Della Señora», («Geveret») em Esmirna, e de uma nova *yeshivah*, dirigida pelo rabi Joseph ibn Lev. O rabi, que servira anteriormente em Bursa e Salonica, era de origem espanhola. Fugiu de Salonica depois da peste e chegou a Constantinopla em 1545, onde iria dirigir a Academia por muitos anos. O seu sucessor foi Yom-tob-Cohen.[285]

Nasi apoiou o rabi Almosnino e a sua congregação de Salonica. Nas suas viagens a Constantinopla, Almosnino ficava no palácio de José. Sabe-se que Nasi intercedeu pelo menos uma vez junto do sultão pelo menos uma vez em favor do rabino.

Gracia, que venerava os rabinos e a erudição, apoiou a fundação de uma academia talmúdica em Tiberíades. Com as receitas de várias propriedades em Salonica, fundou e financiou uma escola *Midrash* (Bet Midrash), para o estudo de literatura rabínica. Para o primeiro dirigente da fundação ela escolheu o rabi Samuel de Medina, o grande talmudista, que o rabi Almosnino considerava «erudito em literaturas sagradas e profanas e autor de ambos os géneros».[286] A *Midrash* era gerida como uma moderna casa para académicos visitantes. Estes realizavam os seus estudos sob a orientação do director, eleito alternadamente.

O patrocínio de tais instituições era um sinal de devoção religiosa, mas também de riqueza. O médico Moisés Hamon também fundou e apoiou uma *yeshivah* em Constantinopla, levando para a instituição o rabi Jacob ben Joseph Tawus, respeitado académico e tradutor do Pentateuco para persa. Às suas próprias custas, Hamon mandou imprimir a obra de Tawus, com uma tradução aramaica e outra árabe.[287]

Mesmo numa sociedade de mercadores, onde a maioria falava várias línguas, Hamon era reconhecido como famoso poliglota. Falava grego, árabe, aramaico e hebraico e conhecia bem as principais obras latinas.[288] A *Viaje de Turquia* informa-nos que os livros de Hamon estavam avaliados em 5 000 ducados. Segundo consta, ele terá gasto 8 000 ducados nos seus manuscritos.[289]

A José Nasi, que também possuía uma grande colecção de livros e manuscritos, é atribuída a fundação de uma tipografia, por certo considerado um acontecimento importante, visto que chamou a atenção de Petromol, o embaixador francês, que o relatou ao seu rei.[290] Depois da morte de Nasi, Reyna continuou a publicar obras hebraicas.[291]

Embora a impressão proporcionasse aos autores um maior número de leitores do que um único patrono, os editores continuaram a fazer grande parte do seu trabalho para os mecenas da nobreza. Em muitos casos o livro trazia a declaração de que a obra tinha sido escrita a pedido de determinada pessoa. Também neste aspecto Nasi assumiu o papel de protector desempenhado pelos aristocratas europeus. Além de possuir uma impressora, Nasi empregava vários escribas e converteu uma sala do seu palacete num *atelier* para a iluminação de manuscritos e livros. Desfrutava da sua biblioteca e publicava colóquios com letrados cristãos, segundo nos conta Isaac Onkeneira.[292]

Nasi também reunia os amigos e conhecidos importantes para representações teatrais e musicais em sua casa. Depois de assistirem ao espectáculo as pessoas eram convidadas para sumptuosas ceias. Stephan Gerlach, pregador alemão que servia de capelão na Embaixada Imperial em Constantinopla, descreve um banquete na residência de Nasi, assim como os móveis caríssimos feitos por artesãos franceses e otomanos.[293] Num registo do seu diário datado de 7–8 de Março de 1574, Gerlach diz que assistiu a uma representação da história de Ester, «und hernach mit etlichen Venedigen bey seinem Hoffmeister Francisco zu Nacht gegessen».[294] Nasi tinha também uma orquestra, algo indispensável para a aristocracia europeia.

O declínio da casa Mendes-Nasi

Depois da morte de Selim II, José Nasi perdeu influência na corte.[295] Enquanto Gracia parece ter conservado o respeito dos seus contemporâneos até à morte, José Nasi tornou-se cada vez mais impopular, não só porque as pessoas invejavam o poder que ele detinha, ou porque cobiçavam a sua fortuna, mas também porque temiam o seu profundo envolvimento na política do império.

Nasi participou nas negociações entre o Império Otomano e a Polónia (1562), com as quais a empresa da família beneficiou bastante. Também desempenhou um papel importante num acordo entre o império e a Moldávia, representando Alexandru Lapusneanu, que esperava restaurar a soberania daquela província.[296]

Alguns historiadores presumem que Nasi tenha incitado os Holandeses a revoltar-se contra Espanha, prometendo-lhes apoio otomano. Também este envolvimento teria servido directamente os interesses comerciais da família.[297]

Nasi tinha monopolizado o comércio do vinho, que supostamente lhe rendia cerca de 15 000 ducados por ano. Exportava vinho para a Polónia, de Creta, de onde chegava a tirar 1 000 barris. Conseguiu também o monopólio do comércio de cera na Polónia. Segundo consta, emprestou 150 000 ducados ao rei polaco para a concessão de cera de abelha. Em 1567, os agentes de Nasi receberam por cinco anos todos os privilégios especiais como mercadores preferidos de Lvov.[298] As suas actividades comerciais provocavam grande inquietação entre os mercadores dessa cidade.

As várias actividades comerciais e políticas de Nasi eram cuidadosamente vigiadas pelas cortes europeias. Várias histórias a seu respeito acabaram também por entrar para a literatura e cultura populares. Como já foi referido, há muito que se julga que Christopher Marlowe terá usado José Nasi como modelo para o seu Judeu de Malta.

Nas intrigas palacianas do tempo de Solimão II, Nasi apoiou sempre o futuro Selim II, durante cujo reinado (1566–74) ele atingiu o auge da sua carreira, tornando-se senhor das ilhas Cíclades. Enquanto Selim II estivesse vivo, Nasi conservava a sua posição privilegiada. Os cristãos em redor do palácio espalharam boatos dizendo que Nasi fornecia bebidas alcoólicas, proibidas aos muçulmanos, a Selim II. Os boatos baseavam-se num estereótipo aceite: como «verdadeiro judeu», Nasi destruía o sultão.[299]

Nasi também serviu o sultão nos negócios estrangeiros, embora nem sempre da melhor maneira. A sua antiga amizade com Maximiliano II ajudou-o a facilitar uma trégua em 1568 entre o imperador e Selim. Esta trégua revelou-se particularmente vantajosa para a Áustria. Maximiliano enviou-lhe taças de prata; o rei polaco chamou-lhe «querido amigo» e alguns historiadores acreditam que Nasi talvez tenha contribuído para o tratamento benevolente dos judeus por parte de Sigismundo Augusto.[300]

Até mesmo Solimão II escreveu pelo menos três cartas em favor de Nasi ao rei de França, ajudando o judeu a recuperar o dinheiro que emprestara ao embaixador francês.[301]

José Nasi fazia guerra e paz na Europa. Em 1570 obteve para os turcos a ilha de Chipre, que tinha sido governada por Veneza desde 1487.[302] Há quem defenda que Nasi apoiou a revolta dos Países Baixos contra a Espanha, «como um gesto de vingança pessoal pela expulsão dos Marranos».[303] Isto é absurdo; a carreira de Nasi mostra que todos os seus empreendimentos tinham como premissa a expectativa de ganhos pessoais ou económicos imediatos. No entanto, uma acusação semelhante, de que ele procurava obter uma vingança pessoal, surgiu durante a guerra que se seguiu à anexação de Chipre.

O poder de Nasi diminuiu bastante durante o reinado de Murad III (1574–95). Na sua procura de influência na Europa, o judeu foi ainda mais infeliz. Entre os Venezianos, Nasi continuou sempre a ser alvo de desconfiança. Durante a guerra veneziano-turca de 1570–73 ocorreu um novo surto de sentimentos antijudaicos e anticonversos. Segundo alguns, Veneza recusava-se a abandonar Chipre para impedir Nasi de lá construir uma colónia judaica.[304] Partindo do princípio de que os judeus da época acreditavam seriamente que estavam impedidos de exercer a soberania antes da chegada do Messias, esse argumento não pode ser válido. A regra entre os judeus da Diáspora era viver pacífica e discretamente no meio dos seus anfitriões.

Veneza desconfiava que Nasi estivera implicado no incêndio do Arsenal em 1569; um castigo por a cidade o ter discriminado quando ele lá residira. As investigações do incêndio suspeito conduziram os venezianos ao Império Otomano e a Nasi. Em 1567 foi interceptada uma carta em hebraico dirigida aos judeus de Veneza e incitando-os a conspirar contra a Sereníssima. A carta parece incriminar o grupo de Nasi, embora não existam provas de que o próprio Nasi fosse directamente responsável pela mesma.

Por causa do incêndio do Arsenal, a construção naval de Veneza, assim como a sua armada, sofreram um rude golpe. Durante a guerra que se seguiu, Veneza ficou à mercê do Império Otomano para o fornecimento de cereais, até a Santa Aliança vir em seu socorro.[305] Veneza culpou José Nasi, mas também os judeus e os cristãos-novos, pela guerra, apelidando-os de agentes ao serviço dos interesses turcos, «*la faccia della terra, spie dei Turchi e nemici interni*».[306]

Em Outubro de 1571, as esquadras de Espanha, Veneza e do Papado juntas destruíram as forças navais otomanas em Lepanto. A vitória foi aclamada pelas nações cristãs como o maior «feito de um dia» em séculos e comemorada em todas as artes. Os historiadores de épocas posteriores entenderam--na de modo diferente, considerando-a um acontecimento algo anacrónico; uma batalha travada com armas obsoletas e a um custo imenso. Na verdade, os feitos do dia 7 de Outubro de 1571 foram, quanto muito, temporários. Os vencedores mal recuperaram da sua conquista, apesar de esta ter animado os europeus e alimentado a esperança de uma expulsão final dos muçulmanos da Europa, onde se prestava muito pouca atenção aos esforços dos turcos no oriente e no sul. Entretanto os otomanos reorganizaram-se: em 1574 tinham a sua armada reconstruída e voltavam a conquistar a Tunísia.

Em 1573 foi assinado um tratado de paz separado entre Murad III e Veneza, sem Nasi, mas com a ajuda de Salomão Ashkenasi, comerciante judeu no império. Depois disso seguiu--se um período de «reconciliação» entre Veneza e os judeus.[307]

Tendo perdido a sua influência na corte turca, Nasi tentou por fim planear um regresso à Europa. Escreveu a Augustin Manuel, judeu que de Constantinopla regressara a Espanha (e ao cristianismo) e cujo irmão se encontrava ao serviço de Nasi. Na carta Nasi afirmava que «apenas acontecimentos imprevistos na sua vida» o haviam forçado a tornar-se judeu.[308] Esta carta depressa se tornou conhecida nos meios diplomáticos de Itália e Espanha, mas não em Constantinopla. A proposta de Nasi era receber um salvo-conduto de Espanha para si e para setenta membros da sua casa e para os seus bens; um perdão da sua apostasia; isenção da Inquisição; passagem livre de direitos por todas as barreiras alfandegárias até Espanha e a promessa de que Filipe II julgaria ele próprio todas as questões e litígios pendentes resultantes das anteriores operações comerciais de Nasi. Em troca, ele oferecia os seus serviços à Coroa espanhola, afirmando que o seu império económico e a sua influência política garantiriam as suas palavras.[309]

Esta oferta não foi a primeira tentativa de Nasi de estabelecer uma relação com a corte espanhola. Quando um grupo de diplomatas em representação dos Habsburgo chegou a Adrianópolis a 11 de Setembro de 1567, Nasi encontrou-se com eles e ofereceu-se para servir de mediador entre Filipe II, Maximiliano II e o sultão. Tratou-se de uma iniciativa inteiramente pessoal, porque Nasi nunca foi convidado para participar em quaisquer das reuniões oficiais. Os enviados negociaram apenas com o grão-vizir Maomet Sokollu, um brilhante estratega militar de origem sérvia (1507–1581) que na altura já tinha vencido Nasi na disputa pela confiança do sultão Murad.[310]

A 28 de Dezembro de 1567, Nasi ofereceu novamente os seus serviços, desta vez para representar Filipe II. Então Sokollu pediu ao rei que enviasse os seus próprios emissários. Numa carta de 28 de Fevereiro de 1568, Chatonay, o embaixador espanhol, aconselhava o rei a não aceitar os préstimos de Nasi. Os termos da paz foram acordados sem a mediação de Nasi e os enviados austríacos foram-se embora.[311] Um ano depois os turcos atacaram Chipre. Os Venezianos culparam Nasi pelo cerco.

É possível que mesmo sem uma nomeação oficial, Nasi tenha fornecido informações secretas a Filipe II; apesar disso, o seu desejo de participar nas negociações de paz não foi satisfeito, como não foi o seu plano ousado de voltar para a Europa.

Em 1578, o capelão Schweigger, descrevendo Gálata, dizia: «Ich hab nie Kein Juden daselbst wohnhaft gesehen, aber zu Constantinopel wohnen irer viel, wie man meint bei 20 000»[(*)].[312] Não faz qualquer referência a Nasi. O príncipe de todos os judeus tornara-se um homem cujos conselhos já não eram procurados, e cujo consentimento já não importava. Quando a 2 de Agosto de 1579 morreu de «*mal de pierre*», José Nasi era ainda um homem rico, mas sem influência e sem herdeiros.

(*) «Não vi qualquer judeu residente, mas aqui em Constantinopla vivem muitos, que alguns afirmam ser 20 000», em alemão no original (*N.R.*)

CONCLUSÃO

No século XIX, quando se mudaram para as cidades, os judeus participaram da ascensão social de toda uma geração, independentemente da religião. Mas no século XVI, se um judeu mostrasse uma atitude competitiva e um tipo de sucesso que o elevasse à sociedade dos burgueses gentios da Renascença, acontecia algo invulgar, ou mesmo contra-natura.

Gracia saiu do seu próprio meio e adoptou um estilo de vida destinado apenas aos cristãos. Residindo do outro lado do Corno de Ouro, mantinha uma casa europeia e aristocrática, com móveis, sedas e brocados importados. A sua família e a criadagem vestiam roupas europeias. Os membros da família usavam os títulos «Don» e «Señora». Escreviam cartas em castelhano e italiano, não em turco ou persa. O seu modo de vida tinha pouco a ver com o dos judeus de Istambul: reflectia exclusivamente o estilo da Europa dos Habsburgo. Apesar dos seus costumes estrangeiros, no Império Otomano Gracia e os seus correligionários eram bem sucedidos, enquanto na Europa não conseguiam penetrar o muro de obstáculos criado pela sociedade cristã que os odiava e temia ao mesmo tempo.

Embora alguns historiadores tivessem especulado acerca do assunto, não existe qualquer documento que sustente a alegação várias vezes enunciada de que ideias messiânicas teriam induzido tanto Gracia como José a restabelecer a colónia judaica de Safed. O messianismo que impregnara a sociedade sefardita do início da era moderna era obviamente conhecido por ambos. De entre as pessoas que Gracia tinha admirado, Isaac Abravanel era messianista; como eram muitos judeus em Salonica, constituindo uma comunidade independente na cidade. Em 1516, quando os otomanos conquistaram a Palestina, houve um forte recrudescimento de expectativas messiânicas, que conheceu um grande apoio não só das massas mas também dos rabinos.

A Espanha do século XVI teve muitos autores místicos que eram lidos avidamente pelos criptojudeus. Uma carta da municipalidade de Badajoz – escrita a 30 de Março de 1528, em castelhano, mas com muitos portuguesismos, e assinada pelo inquisidor local, o Dr. Laya – fala de movimentos messiânicos naquela região. O inquisidor refere-se à «infestação da fé e ofensa aos Reis Católicos».[313] Não existem, contudo, provas concretas que permitam relacionar a forte dedicação de Gracia à causa judaica a quaisquer textos que ela possa ter lido. Vários autores – sobretudo Cecil Roth – procuraram estabelecer essa ligação sem quaisquer provas fidedignas.

Na altura foram registadas várias revelações e visões, e alguns líderes messianistas realizaram curas em público, usando não judeus como testemunhas. No entanto, estes actos circunscreviam-se à região. Os messianistas mais dedicados instalaram-se em Jerusalém, não em Safed.

Não existem registos que confirmem que Gracia alguma vez se tenha mudado para Safed «para aí morrer». Pelo contrário, os panegíricos sugerem que ela morreu e foi enterrada em Constantinopla no ano de 1568, com cinquenta e oito anos de idade. Os rabinos e os intelectuais, beneficiários da sua generosidade, admiradores da nobreza do seu carácter e da sua coragem, cobriram Gracia de elogios.

Na sua oração, o rabi Soncino, antigo adversário de Gracia, afirmava: «Ela não foi só a mais serena princesa e glória de Israel, uma esplêndida flor no exílio, que honrou a nação com a sua pureza e santidade. Ela protegeu os pobres e ajudou os oprimidos... para que fossem felizes neste mundo e bem recebidos no próximo».[314] Soncino elogiou-a por ter construído a Casa de Israel, com a sua pureza, riqueza e fortuna.

Emanuel Aboab também falou dela com apreço, enaltecendo as suas excelentes virtudes e nobres actos, «sobre os quais muitos livros podiam ser escritos».[315]

Amato Lusitano chamou-lhe «uma mulher ornada de todas as virtudes» e o rabi Almosnino referiu-se a ela como a «coroa de glória das mulheres bondosas». A presença terrestre de Gracia foi equiparada a uma «compaixão divina em forma humana».[316]

Séculos de perseguições aos judeus, que atingiram o seu auge com o Holocausto, levaram alguns historiadores actuais a encarar a vida de Gracia numa perspectiva anacrónica, chegando mesmo a afirmar que ela foi uma das primeiras partidárias do sionismo, que ajudou muitos judeus e cristãos-novos a fugir do perigo organizando um «Comboio Subterrâneo» que os conduziria a porto seguro. Essa expressão, tirada da literatura antiesclavagista, foi primeiro usada por Cecil Roth, mas voltou a aparecer recentemente num texto feminista.[317]

Com efeito, alguns documentos registam o número de famílias ibéricas que chegaram a destinos relativamente seguros na Europa. Por exemplo, uma velha aia da família Nasi conseguiu chegar aos Países Baixos. No entanto, exceptuando algumas alusões e referências ambíguas nos panegíricos que surgiram após a morte de Gracia, nada demonstra que a família Mendes tenha de facto participado numa acção organizada para salvar judeus e conversos. O mais provável é terem financiado secretamente algumas fugas e ajudado os refugiados depois de estes terem alcançado o seu destino em segurança.

No Império Otomano, qualquer conhecimento público de tais actividades teria prejudicado os negócios da família com os países cristãos e, enquanto residissem ainda na Europa, essas informações teriam colocado as suas vidas em risco. Assim, mesmo que algum secretismo necessário tenha sido responsável pela falta de provas, convém abordar a discussão com alguma reserva. Além disso, apelidar Gracia de sionista revela um pensamento perigosamente anacrónico, porque transfere um conceito moderno para uma época em que ninguém acalentava ainda a ideia de criar um Estado judaico secular na Terra Santa; onde uma grande fatia da população aguardava a chegada imediata do Messias para reconstruir o Templo e iniciar uma nova era de paz e santidade.[318] Gracia e o genro quiseram fundar um centro económico judaico em Safed que pudesse contribuir para o emprego e auto-suficiência dos judeus e ao mesmo tempo ajudasse a aumentar a riqueza da família.

Por muito astutos que tivessem sido nos negócios, Gracia e José empenharam-se também na defesa de valores humanos (e humanistas). Estabeleceram uma série de metas com o fim de ajudar os mais pobres. No fim de contas, esses esforços generosos livraram-nos da animosidade dos seus correligionários menos favorecidos.

É evidente que a história de Gracia não poder ser encarada como típica. Ela teve uma vida fora do vulgar. Os feitos de Gracia foram únicos, e apenas seus, mas não pioneiros. Apesar das suas capacidades invulgares, ela foi bem sucedida porque teve o apoio de uma enorme fortuna familiar. A sua vida foi demasiado singular para poder oferecer mais do que um vislumbre sobre as vidas dos seus contemporâneos menos afortunados. A poderosa figura de Gracia Mendes acabou por não provocar grandes alterações na sorte dos seus correligionários; e muito menos ainda na vida das mulheres judaicas. O tratamento das mulheres, dependente dos caprichos e interesses passageiros dos governantes, continuou a ser tão arbitrário como sempre.[319]

Não existem documentos em que Gracia tivesse exprimido directamente as suas ideias políticas ou sentimentos religiosos, e não entrarei em especulações sobre os mesmos. Relatei de forma fiel as suas actividades públicas e privadas e o seu papel de *mater famílias*, apoiada nos documentos disponíveis. Esses factos são suficientes para demonstrar sem qualquer sombra de dúvida que Gracia foi uma mulher de inteligência, imaginação e perseverança singulares; cujos actos saíram enobrecidos pela sua fé inabalável e graça espiritual. Ela soube sonhar sem limites e teve a coragem de tornar os seus sonhos realidade, apesar dos obstáculos que lhe eram impostos pela religião e pela sua condição de mulher. Pensadora independente, Gracia apresenta-nos uma vida que afirma a importância fundamental da dignidade humana para os séculos vindouros.

Los Angeles,
31 de Dezembro de 2001.

ANEXOS

ANEXO I

Dinheiro, preços, valores

A descoberta da América veio a constituir a salvação monetária da Europa. A importação de metais preciosos (primeiro o ouro, depois a prata) fez também aumentar a produção interna. «A exploração mineira de prata no Harz saxão, na Boémia, e o Tirol, receberam um forte impulso no final do século XV, enquanto o ouro era obtido durante a mesma época em quantidades apreciavelmente maiores no arcebispado de Salzburgo, e na Hungria, assim como em África».[320]

Devido à desvalorização da prata, em Veneza o *grosso* de prata foi extinto como moeda e a nova moeda de prata, a lira (a princípio avaliada em 20 *soldi*), foi introduzida. Em 1578, o *scudo* era já avaliado em 7 liras.[321]

No passado, as moedas pequenas (*quatrini* e afins) eram usadas no pequeno comércio de retalho e para pagar aos serviçais. Os trabalhadores eram pagos com moedas pequenas mas os grandes mercadores e comerciantes vendiam as suas mercadorias em troca de ouro e recusavam com frequência o pagamento em moedas pequenas. Contudo, durante o século XVI houve um aumento geral de salários e preços, e os *scudi* e *ducati* de ouro, assim como os grandes *ducatoni* de prata, eram usados mesmo em pequenas transacções. As moedas de ouro perderam o seu carácter de «dinheiro aristocrático».[322]

O valor das moedas oscilava: entre 1517 e 1594 a relação entre o ducado e a lira alterou-se consideravelmente, como mostra a seguinte tabela:

1517: ducado (sempre 100 *soldi*) = 6 liras 10 *soldi*
1520: ducado = 6 liras 16 *soldi*
1529: ducado = 7 liras 10 *soldi*
1562: ducado = 8 liras
1573: ducado = 8 liras 12 *soldi*
1594: ducado = 10 liras[323]

Grande parte das transacções comerciais da família Mendes era feita em *écus*. O *écu* era uma moeda de ouro. Em 1423, 50 *écus* valiam 68 *livres* (prata), 75 *sous* (cobre) e 6 *deniers* (dinares). No mesmo ano foram cunhados novos *ècus* e os mais antigos tornaram-se mais valiosos. Quatro *ècus* antigos passaram a valer 7 *livres*.[324] Um *solidus* de ouro equivalia a 3 e 1/3 *solidi* de prata. Os *solidi* (moedas de prata) eram também usados em Castela.[325] (Os maravedis, originariamente moedas de ouro da mais fina qualidade – pesando cerca de 56 gramas – foram introduzidos após a conquista de Toledo, designando o *sueldo d'oro*. Depressa começou a perder valor e tornou-se uma moeda de prata da mais baixa denominação.)[326]

Na Itália de meados do século XVI, o *scudo* valia 8 *fiorini* (de prata); um *fiorino* = 12 *grossi*; um *grosso* = 4 *quarti*.[327] Em Florença, os judeus estavam autorizados a cobrar 25 por cento de juros, mas na verdade a percentagem oscilava entre os 17 e os 50 por cento.[328]

Em Veneza, a cunhagem de moedas de ouro começou com o doge Giovanni Dandolo (1280–90).[329] Em 1284, o primeiro ducado de ouro ou *zecchino* era avaliado em 18 *grossi*. No século XVI o ducado veneziano valia já 75 *grossi*. Os *grossi fiamminghi* de Antuérpia e as *corone* de Southampton eram trocados em Veneza. Em 1496, 135 *corone* equivaliam a 100 ducados venezianos, enquanto 80 *grossi* valiam 1 ducado. Na Inglaterra, 40 dinares de prata equivaliam a 1 ducado e 70 ducados valiam 434 liras.[330]

Em Veneza, a moeda principal era a *lira di piccioli*, que durou do século X até 1806 (ano em que foi introduzido o sistema decimal).

A *lira di grossi* foi usada durante quatrocentos anos; foi introduzida no século XIII e abandonada no final do século XVI.

A contabilidade dos Mécidis durante o século XV mostra que o *fiorino largo*, uma moeda de ouro grande, apareceu pela primeira vez por volta de 1450. O *fiorino largo grossi*, um florim grande (*grotes*), era uma moeda de prata. O *fiorino largo d'oro in oro*, uma grande moeda de ouro, foi utilizado entre 1482 e 1530. Era 19 por cento mais valiosa do que o *fiorino largo di grossi*. A pequena lira (*lira di piccioli*) = 20 pequenos *soldi* = 240 pequenos dinares. Uma *lira a fiorino* = 20 *soldi a fiorino* = 240 *denari a fiorino*. Qualquer florim de ouro = 29 *soldi a fiorino* = 348 *denari a fiorino*. Qualquer florim de ouro = 20 *soldi a oro* = 240 *denari a oro*. 1 *quattrino* valia 4 *denari*. Um *grosso* valia 1/24 de um florim de ouro (embora esse valor fosse variável).[331]

A maior parte das empresas mantinha um «memoriale», um diário em que se registavam as contas. Os débitos e os créditos eram normalmente registados em folhas diferentes. Os livros dos Médicis e dos Fugger eram especialmente sofisticados mas todas as grandes empresas tinham uma contabilidade meticulosa.

O simples facto de a família Mendes fazer negócios com a realeza comprova a sua riqueza e influência. Para perceber bem a imensidão dessa riqueza, note-se que enquanto Diogo emprestava 200 mil ducados ao imperador, um mercador próspero de Aragão no século XVI tinha um capital de 10 a 50 mil *sueldos* de ouro.[332] Existiam também *sueldos* de prata. No reinado de Filipe II a paridade das moedas de ouro foi aumentada mas o dinheiro de prata não sofreu alterações.[333]

Em Veneza, um mercador conceituado possuía cerca de 100 mil ducados mas para um investimento inicial 500 a 1 000 ducados eram considerados suficientes.[334] Um escrivão/ /secretário recebia 30 ducados pelos seus serviços durante uma viagem marítima de Alexandria à Síria. O mesmo trabalho, da Flandres à Síria, rendia-lhe o dobro.[335]

Numa obra recente, o Prof. Dr. Şevket Pamuk dá-nos as cotações cambiais de algumas moedas europeias expressas em *akçes* (1477–1482): em 1479, um ducado de ouro veneziano valia 45–46 *akçes*, enquanto um ducado de ouro húngaro valia 42–43 *akçes*. No terceiro quartel do século seguinte (1582) os seus valores já tinham subido para 60 e 58 *akçes*, respectivamente.[336]

Não nos devemos esquecer que o número total de milionários no início dos tempos modernos era muito menor do que é hoje. A família Mendes tirou proveito dos anos em que o centro de câmbios monetários europeu passou da Itália para os Países Baixos, quando Antuérpia tomou o lugar de Veneza e Florença. Mais tarde, no momento certo, transferiram a sua riqueza para o Império Otomano, mantendo no entanto todas as suas ligações com o comércio europeu. Contudo, após a morte de José Nasi, que faleceu sem deixar herdeiros imediatos, e em menos de vinte anos, o império comercial dos Mendes-Nasi desaparecia do mapa.

ANEXO II

De Dubrovnik a Constantinopla: as rotas usadas pelos viajantes do século XVI

Não possuindo provas directas do caminho que Gracia tomou, o leitor poderá chegar a uma conclusão satisfatória conhecendo as rotas mais prováveis e mais frequentadas. No entanto, como já afirmou o Prof. Dr. Sima Irkovi, de pouco nos serve construir uma «cronologia de viagem ideal», porque mesmo duas viagens, próximas no tempo, podem divergir na sua escolha de lugares de repouso, de travessias de rios, etc.

Em *Putovanja po Balkanskom poluostrvu*, P. Matkovi apresenta uma recensão de viajantes do século XVI.

Apenas alguns iniciaram ou terminaram a sua viagem em Dubrovnik. (*Rad JAZU* 42 (1878), 49 (1879), 55 (1881), 62 (1882), 71 (1884), 84 (1887), 100 (1890), 105 (1891), 112 (1892), 116 (1893), 124 (1895), 129 (1896), 130 (1897), 136 (1898). Mas três franceses, Jaques Gassot (1547), Phillippe du Fresne-Caney (1573) e Pierre Lescalopier (1574), iniciaram a sua viagem em Dubrovnik, com destino a Constantinopla. O segundo foi para Skoplje, depois para Custendil, e os outros dois passaram por Niš e Sofia. M. Dinić comenta estas viagens em «Tri francuska putopisa XVI veka o našim zemljama», *Godišnjica Nikole upia* 49 (1940), 85–118.

Outro registo, respeitante a viagens na região, pertence a Martino Segono di Novo Brdo vescovo di Dulcigno. *Un umanista serbo-dalmat del tardo Quattrocento*, ed. A. Pertusi, Roma 1981, p. 87: «Prima via superior ex traiectu Belgradi per superiorem partem Mysiae et Rhodopem versus Thraciam dirigens...», p. 89 [O primeiro caminho superior, desde o lugar de Belgrado, dirige-se, através da parte superior da Mésia e de Ródope, para a Trácia...]: «progresso fluvio Nisava a quo denominatur magnaque venalium copia rerum inter alios Mysiae et Triballorum pagos censetur preclara. Abest haec a traiectu Belgradi CCCXX milibus passuum. Exea postea ascendendo ad viam Pyrothy situm in montanis peragrato vasto montis Cunovicae iugo arduo atque difficili,... accessus per Sophiam metropolim Triballlorum, emporium nostris saeculis memorandum...», p. 90 [Subido o rio Sava, do qual recebe o nome, é tida por famosa a grande quantidade de coisas à venda entre outras aldeias da Mésia e dos Tribalos. Esta dista do lugar de Belgrado 320 000 mil passos. Dali, sobe-se depois para o caminho de Pirot, situado nas montanhas, depois de atravessado um enorme cume do monte Cunovice, penoso e difícil...o acesso por Sofia, metrópole dos Tribalos, mercado que se deve recordar no nosso século...]: «Altera via inferior quae ex eodem Belgrado per Dardanos et Triballos montem Haemum transgressa prope Hebrum cum superiori via coniungitur... circa Ostervizae oppidum et Ravanicense monasterium adducit primo ad Moravam olim Moschium dictum ad latus arcis Crusevac fluentem... dehinc ad Basilicam Albam (= Bele Crkve, Kursumlija) et montes Mysiam inicem separantes...», p. 91 [Outro caminho inferior, que, a partir de Belgrado, através dos Dardânios e Tribalos, passa pelo monte Hemo, junto do Hebro, se junta à via superior... perto do castelo de Osterviza e do mosteiro de Ravanice, leva, primeiro, ao Morava, outrora chamada Mósquio, que corre para os lados de Crusevac... dali à Basílica Branca (= Bele Crkve, Kursumlija) e aos montes que separam a Mésia.]: «Pertransitis itaque montibus sequitur campus Dubozicae frequenter undique inhabitatum; sed dimisso aliquantisper ad laevam tramite qui ad villam magnam Procopiae et Nisum dirigit, non procul offert se vallis Cosoviza cum Labo flumine per medium eius decurrente procedens ad latissimum Cosovum campum...», p. 93 [Atravessados, pois, os montes, segue-se a campina de Dubozica, inabitada em toda a parte; mas, deixando um pouco de lado, para a esquerda, o caminho que leva à grande cidade de Procópia e a Nis, surge, não longe, o vale de Cosoviza, deslizando no meio dele o rio Labo e avançando para a vasta região do Kosovo...]: «Huius campi planities protenditur circa LXX milia passuum usque ad vicum Cazanici te fauces Clisurae, quae ad Scopia ducit... Ima i krak od Kosova prema istoku doulivanja u Carigradski drum» [A planície desta região estende-se cerca de 70 000 passos até à aldeia de Cazanice e ao desfiladeiro de Clisura, que leva a Escópio...]. Este texto foi atribuído a Feliks Petani (Felix Petantius).

Um itinerário real de 1533 é «Missions diplomatiques de Corneille Duplicius de Schepper dit Sceperus de 1523-55» (org. M. le Bon de Saint Genois – G. A. Yssel de Scepper, Memoires de l'Academie royale des sciences, des lettres et des beaux arts, 30 (1857). O autor enumera lugares e pormenores geográficos (p. 195). Ele e o seu grupo desceram a partir de «Kinorwitza» na «ville de Nissa» (p. 196). Depois atravessaram o rio «Murana» e seguiram-no por uma zona da Sérvia chamada «Toplitza». Existem referências à aldeia «Rosine», ao pequeno rio «Dracowitza, bourg Pritnoritze», a uma aldeia bonita, «Gerghebir» (Grgure) (p. 197). Partiram do lado esquerdo da «ville de Scopia» e chegaram ao «contree Saplana». Passaram a noite na aldeia «Jerecain» (Djerekare), chegaram à aldeia que pertence ao *sandjak* de «Zwonick» (Zvornik) e desceram em direcção ao rio Ibar (p. 198). Chegaram à fortaleza «Zwelfa» (Zvean), passaram pela aldeia «Terboutzine» (Trbušine) e pernoitaram em tendas. Atravessaram o rio «Pinchia» (Pnucha) e alcançaram a cidade de «Nomoposar» (Novi Pazar) e depois a província de «Cinitza» (Sjenica). O «bourg» chama-se «Zynitze» e o pequeno rio «Cina» (p. 199); o mosteiro de S. Sava (Milešova) é referido. Seguiram para a «ville de Prepolye» (Prijepolje), atravessaram o rio «Lym» por uma ponte de madeira e seguiram para o «bourg Plenie» (Pljevlja), onde passaram a noite (p. 200). Seguiram para um lugar chamado «Brachobb» (Pracha) onde ergueram as suas tendas. Depois atravessaram o pequeno rio «Thichotina», chegaram a «Gotza ou Hotza» e atravessaram o «Drinus» (p. 201). Depois atravessaram o rio «Bistriza» no vale de Zagora, onde fica situado o «bourg Zagoria» (p. 202). Atravessaram o rio «Vissina» (Visheva), pernoitaram no «bourg Postulyam» e continuaram ao longo de uma planície para «Novipasar de Hertzegovina» (Mostar), chegaram à cidade de «Powsitel» (Pochitelj) no Neretva e atravessaram a ponte em «Vidnareca» (Vidova Reka). O grupo chegou a «Gabelle de Narenta» (Drijeva), onde encontrou alguns viajantes de Ragusa (Blasius de Sorgo). Depois apanhou um barco para Dubrovnik e daí seguiu para Zadar.

(Agradeço ao membro da Academia, Prof. Dr. Sima irkovi, pelas informações supracitadas.)

Para mais informações o leitor poderá também consultar C. Jireek, «Handelsstrassen und Bergwerke von Serbien und Bosnien während des Mittelalters». *Historisch-geographische Studien*, (Praga, 1879), pp. 73–78), que descreve a estrada de Dubrovnik para Niš.

Embora Uroševi descreva também um itinerário «inverso», a viagem que apresenta é apenas mais uma rota de e para Constantinopla no século XVI.

NOTAS

[*] Uma vez que as fontes europeias da época se referiam ao Império Otomano como «Turquie», resolvi usar ambas as denominações.

[1] Para mais informações sobre Illueca, ver Encarnacion Marin Padilla, «La villa de Illueca, del señorio de los Martinez de Luna, en el siglo XV: sus judios», *Sefarad* 56 (1996): 1:87–126, 2:233–75. O estudo de Padilla baseou-se em escrituras conservadas nos arquivos de documentos notariais de Saragoça, Calatayud e La Almunia de Doña Godina. Do seu casamento com Deanira de Lanuza, Don Pedro Martinez de Luna teve dois filhos: Don Juan e Don Jaime. Depois da morte de Juan, o filho deste tornou-se senhor da região.

[2] «Es posible que el corredor cenverso y vecino de Zaragossa, Jaime de Luna, y su hija Beatriz de Luna, criada "a soldada" del tambien corredor zaragozano Jaime Ram, procedieran del señorio de los Martinez de Luna, dado su apellido» (Padilla, p. 374, nota de rodapé 274, com referência ao ano de 1432.) O nome de Jaime de Luna aparece pela última vez em 1492. O homem mais conhecido de nome Luna foi Alvaro de Luna, condestável do reino, em 1499. Para mais informações ver N. Round, *The Greatest Man Uncrowned: A Study of the Fall of Don Alvaro de Luna* (Londres, 1986).

[3] Padilla, p.91.

[4] Ver Herman Kellenbenz, «I Mendes i Rodriques d'Evora e i Ximenes nei lore rapporti commerciali con Venezia», *Gli Ebrei e Venezia, secoli XIV–XVII*, org. Gaetano Cozzi (Milão, 1987), p. 152. Existem também registos de uma família Mendes em Évora. Em Veneza, durante um interrogatório no ofício da Inquisição, Brianda Mendes declarou que tinha sido baptizada à força. Havia uma pequena comunidade em Aragão, perto de Eje, que também se chamava Luna. Isso pode revelar a existência de uma colónia judaica durante

os séculos XIII e XIV. Ver Haim Beinart, *Atlas of Medieval Jewish History* (Nova Iorque, Londres, 1992), mapa 42.

[5] Ver especialmente vols. 1–2. 17 Nov. 1299 (37) Barcelona: Benvenist Avenbenvist de Saragoça.
Sem data, 1302 (97) Aljama de Valência/Barcelona. Benvenist (sem data) seu «genre» e seu «fill».
Fev. 1314 (163) Valência: Jusef Benvenist e Benvenist Issac Rossel de Barcelona.
10 Ago. 1324 (290) Barcelona: Jusef Benvenist de Montblanch.
02 Nov. 1324 (302) Lérida: Benvenist Cofe e sua mãe, de Morvedre.
Sem data (494) Vilafranca de Penedes(?), Benvenist Izmel de Villafranca, mudança de residência para Barcelona com filho Samuel.
20 Out. 1328 (601) Barcelona: Benvenist Ismael, médico –falecido.
20 Out. 1328 (602) Barcelona: Samuel Benvenist, filho do médico.
24 Jan. 1329 (617) Tarazona: Benvenist ca Porta de Tortosa.
03 Ago. 1342 ((937) Barcelona: Issach Benvenist falecido, deixou viúva e filho, também chamado Issach.
13 Abr. 1341 (957) Barcelona: Benvenist Bionjuha de Caballeria de Barcelona.
24 Out. 1359 (1126) Cervera: Benvenist Bonjuha.
11 Ago. 1369 (1135) Barcelona: Herdeiros de Samuel Bonjuha de Cervera, filho Bonjuha de Besalu.
09 Ago. 1375 (1146) Barcelona: viúva de Samuel Benvenist, chamado «Bi Benvenist» de Barcelona.
23 Ago. 1389 (1202) Monzon: Benvenist de la Caballeria.
27 Mai. 1390 (1206) Perpignan: Benvenist Bonet e Bonjuha Bonet.
20 Dez. 1457 (1344) Tortosa: Benvenist Bubo.

[6] Um Bienbenist Abenpessat servia como «adelantado» (chefe da comunidade judaica). É provavelmente o mesmo homem referido como «el judio de Illueca Bienbenist Abenpessat» no senhorio de Jaime Martinez de Luna (Padilla, p. 108 e p. 354.) É mencionado em 1451, com respeito a um contrato. Também a 17 de Março de 1488, um homem chamado Mosse declarou em Illueca ter visto Fernando Lopes, um converso, e o pai, a comer carne «degollada de judios» (abatida à maneira judaica) em casa de Bienbenist Abenpessat.

[7] Para mais informações sobre Abraão Benveniste ver, *Encyclopedia Judaica* (Jerusalém, 1971), 4.555.

[8] Cecil Roth presume que o pai ter-se-á convertido noutra altura, adoptando o nome Henrique Núñez no baptismo. No entanto, este não é o informador com o mesmo nome de *Doña Gracia of the House of Nasi* (Filadélfia, 1948), p. 10, de Roth.

[9] *Capitais e capitalistas no comércio de especiarias: o eixo Lisboa–Antuérpia (1501–1549): Aproximação a um estudo de Geofinança* (Lisboa, 1993), p. 23

e p. 29, respectivamente. Álvaro Mendes, cartógrafo de D. João III, pode ter sido parente da família de Francisco. Ele emigrou para a Turquia em 1585 e terá mudado o nome para Abraão Suseyet, ou Salomão Abenaes ou Abenaish. Ver *Encyclopedia Judaica*, 2.63ff.

[10] Ben-Zion Netanyahu avalia o número em 600 000 ou mesmo 1 milhão. Ver *The Marranos of Spain from the Late XIVth to the Early XVIth Century* (Nova Iorque, 1966). Salo W. Baron afirma que entre 1391 e 1412 cerca de 200 000 judeus foram baptizados. Ver *The Social and Religious History of the Jews*, 2ª ed. (Nova Iorque, 1952–80), esp. vols. 9 e 10. Para mais informações sobre este assunto, ver Henry Kamen, «The Mediterranean and the Expulsion of Spanish Jews in 1492», *Past and Present*, 119 (1988): 30–55. A maioria dos judeus espanhóis vivia em Castela. Alguns estudiosos fizeram uma estimativa de 30 000 famílias, o que significaria perto de 130 000 pessoas. Historiadores mais realistas julgam que a população total de judeus e não-judeus no reinado era de aproximadamente 200 000 pessoas (ver Haim Beinart, *Atlas of Medieval Jewish History* (Nova Iorque, 1992).

[11] Dos milhares de judeus que optaram por fugir, como alternativa à conversão forçada, um grande número acabou por morrer durante a fuga. Posteriormente, cerca de 70 000 foram baptizados à força em Portugal. Ver Jonathan I. Israel, *European Jewry in the Age of Mercantilism: 1550 – 1750* (Oxford, 1985), p. 7, nota 1. Em 1552, além dos judeus italianos e levantinos, havia cerca de 100 famílias de judeus portugueses a viver em Ancona, na costa do Mar Adriático (Israel, p. 17). Como o Vaticano abriu recentemente aos investigadores os arquivos relativos à Inquisição, poderemos ter números mais precisos num futuro próximo.

[12] Robert Lemm, *Die Spanische Inquisition: Geschichte und Legende*, trad. Walter Kumpman (Munique, 1966), pp. 66–7. Diego de Deza, que sucedeu a Torquemada, introduziu mais regras, assim como a censura de livros.

[13] Lemm, p. 47. Ver também Y. Baer, *History of the Jews in Spain* (Filadélfia, 1961), originalmente *Juden im Christlichen Spanien* (Berlim, 1929–36), vol. 1, trad. Louis Schoffman. Ver também nota 1 da obra de Netanyahu.

[14] Esta acusação não era inteiramente falsa. A transmissão secreta no seio das famílias criou uma subcultura de extraordinária longevidade.

[15] Jerome Reznik, *Le Duc Joseph de* Naxos (Paris, 1936), p. 28. É possível que os intelectuais, entre eles Amato Lusitano, tenham adquirido os seus conhecimentos de hebraico dessa forma. Joachim Prinz pressupõe que a oração «Kol Nidre» tenha sido escrita para os conversos. Ver *The Secret* Jews (Nova Iorque, 1973), p. 171. Carl Gebhard definiu o converso como um «católico sem fé e judeu sem conhecimento, mas de intenção judeu.» Ver *Die Schriften des Uriel da Costa* (Amesterdão, 1922), xix, citado por Miriam Bodian, «Men of the Nation: the Shaping of the Identity in Early Modern Europe», *Past and* Present 143 (Maio, 1994): 50. As comunidades de

cristãos-novos, na sua maior parte colónias mercantis, «eram únicas num aspecto. Foram fundadas como comunidades judaicas de antigos "conversos", procurando uma nova ligação ao mundo do judaísmo rabínico» (Bodian, p. 49).

[16] Netanyahu, p. 207.

[17] Para mais informações sobre esta designação, ver capítulo 7, «O Império Otomano e os Judeus».

[18] Lemm, p. 75, e *passim*.

[19] Bodian, p. 52. Retirei grande parte do que se segue do estudo de Bodian.

[20] Comunicação verbal do Prof. Dr. Moshe Lazar. O Dr. Lazar – da Universidade do Sul da Califórnia – é um especialista de renome internacional em assuntos sefarditas.

[21] Bodian, p. 52.

[22] Esta lei foi uma precursora quinhentista das infames Leis de Nuremberga, introduzidas pelos nazis. Para mais informações sobre a sua implementação, ver Linda Martz, «Pure Blood Statutes in Sixteenth-Century Toledo: Implementation as Opposed to Adaptation», *Sefarad* 54.1 (1994): 83–107.

[23] Citado por Prinz, p. 17.

[24] Bodian, p. 57.

[25] Citada por Yizhak Almeid. *Les juifs et la vie économique*, 72, e nota 17, respectivamente. Almeid demonstra que, de Amesterdão a Nova Iorque, os fundadores efectivos dos monopólios comerciais foram conversos ou judeus.

[26] Lemm, p. 42.

[27] S. João 15: 6-7. O auto-de-fé podia ser «particular», (isto é, uma pessoa queimada), ou «geral». Vários destes últimos eram «públicos», realizados em praças públicas. Embora os mouriscos também fossem perseguidos, no auto-de-fé de Granada, em 1529, só três foram condenados, contra os 78 cristãos-novos acusados (ver também *Inquisicion Española y metalidad inquisitorial*, org. A. Alcalà *et al.* (Barcelona, 1984).

[28] William Monter, *The Spanish Inquisition from the Basque Lands to Sicily* (Cambridge, 1990), p. 27.

[29] Brian Pullan, *Rich and Poor in Renaissance Venice: The Social Institutions of a Catholic State to 1620* (Oxford e Cambridge, Mass., 1971), p. 205.

[30] Bodian, p. 59.

[31] A única emigração em massa de judeus semelhante foi a que ocorreu da União Soviética para Israel, onde, pela força dos números e laços culturais comuns, também se mantiveram juntos e lançaram recentemente um partido político para representar os seus interesses.

[32] Bodian, p. 66.

[33] *Antwerp's Golden Age: The Metropolis of the West in the 16th and 17th Centuries*, exposição organizada pela Cidade de Antuérpia (Antuérpia, 1973–75), p. 11. No entanto, Roth afirma que o primeiro carregamento chegou em 1503. Ver Cecil Roth, *Doña Gracia Luna of the House of Nasi* (Filadélfia, 1048), p. 21.

[34] *Antwerp's Golden Age*, p. 12.

[35] O edifício foi encerrado em 1533. A chamada Velha Bolsa, ainda existente, foi construída em 1616.

[36] Ver E. Scholliers, *De levensstandaard in de Xve en XVIe eeuw te Antwerpen* (Antuérpia, 1960), pp. 263–64.

[37] Scholliers, p. 269.

[38] E. Scholliers, *De levensstandaard in de Xve en XVIe eeuw te Antwerpen* (Antuérpia, 1960), p.272. Mas enquanto a indústria têxtil cresceu e sobreviveu às oscilações económicas, a agitação social e religiosa manteve-se, como atestam as vinte execuções de dissidentes realizadas entre 1551 e 1553.

[39] A construção da catedral de Nossa Senhora foi concluída; as igrejas de S. Tiago e S. André foram também consagradas no início do século XVI. A Casa dos Açougueiros foi construída durante o mesmo período.

[40] *Souterliedeken ghemaekt ter eeren Gods op alle die Psalmen Davids*, (Antuérpia: Simon Cock, 12 de Junho de 1540).

[41] Existe uma grande quantidade de bibliografia sobre este assunto; o âmbito deste livro não permite por isso mais do que um resumo dos acontecimentos.

[42] Segundo os cálculos de Roth, cerca de 100 000 refugiados mudaram-se para Portugal nessa altura. O número total e verdadeiro continua a ser discutível, assim como o número de pessoas expulsas de Portugal em 1498. Ver também Lucien Wolf, *Essays in Jewish History*, especialmente o capítulo, «The Marranos of Portugal», publicado pela primeira vez em Londres em 1926.

[43] No salvo-conduto de Ferrara (mais informações sobre este assunto no Capítulo 4), o nome de Gracia aparece como «Gracia ibn Veniste». É assim que também é chamada numa carta dirigida ao rabi Soncino (Roth, 16), enquanto a filha Reyna é descrita como «filha de Francisco Mendes Bemveniste». [*sic.*] «Luna», o nome de Gracia, talvez seja de origem mais antiga, remontando ainda ao passado espanhol.

[44] Ver Roth, p. 27, para lucros anuais de consignações. Para mais informações e estatísticas, ver A. A. Marques de Almeida, *Capitais e capitalistas no comércio de especiarias: o eixo Lisboa–Antuérpia (1501–1549): Aproximação a um estudo de Geofinança* (Lisboa, 1993).

[45] Roth, p. 23.

[46] Numa série de gráficos Braudel mostra de forma convincente as principais actividades económicas e financeiras de Antuérpia na primeira metade do século XVI. Ver Fernand Braudel, «Les emprunts de Charles-Quint sur le place d'Anvers,» *Charles Quint et son temps: Colloques internationaux du centre nacional de la recherche scientifique* (Paris, 1972), pp. 191–201. Nesse estudo, porém, faltam alguns anos, (por exemplo 1550–53), que tiveram de ser reconstruídos. Existiu um Rui Mendes, que apareceu pela primeira vez em Antuérpia em 1504, e que a partir de então surge durante quatro anos na lista dos investidores da Armada. O seu nome aparece também como Rui

Mendes de Brito. Deve ter sido bastante rico, porque a determinada altura era o único a fazer doações para a Armada, tendo mais tarde representado também os Welser. Seria este outro irmão Mendes, que vivera primeiro na Inglaterra (e daí as relações comerciais de Diogo?), mas que depois se mudou para Antuérpia onde veio a morrer, e cujo lugar foi ocupado por Diogo? Ou terá sido apenas mais um converso, com os mesmos padrinhos na família, que estaria por acaso a residir em Antuérpia e no mesmo negócio dos transportes marítimos?

[47] Ver J. A. Goris, *Études sur marchandes méridionales (portuguais, espagnols, italiens) à Anvers de 1488 à 1567* (Lovaina, 1925), p. 653. A chegada da ama e dos seus companheiros de viagem causou grandes dificuldades a Diogo que, já metido em problemas, comprometeu-se a ajudá-los a encontrar um lugar seguro.

[48] A tese de Roth (p. 30) de que Diogo ficou em Antuérpia para ajudar secretamente a reinstalar os refugiados não pode ser comprovada.

[49] Esta questão foi discutida ao pormenor pelos rabinos no âmbito do contencioso legal entre Gracia e a irmã. Ver Capítulo 7 sobre a vida de Gracia na Turquia.

[50] «Los Affaittati (Juan Bautista y Juan Carlos) son de Cremona; estableçidos en Amberes desde 1498: En los primeros del XVI pasa Juan Bautista a Lisboa, atraído por el viaje de Vasco da Gama, alli se relaçiona con Francisco y Diego Mendes en negoçios de la espeçiari'a». Ramon Carande, «Maria de Hungria en el Mercado Amberes», *Karl der Kaiser und seine Zeit*, Kölner Colloquium, 23--29 Novembro, 1958 (Colónia, 1960), p. 40. Affaidati, também chamado Jean Charles Affaidati, era patrono de autores italianos e flamengos. Ver Paul Grunebaum-Ballin, *Joseph Naci duc de Naxos* (Paris e Haia, 1968), p. 28. *École Pratique des Haute Études, Études juives*, 13. Com respeito às mesmas ligações, Goris (pp. 562–67) afirma que Diogo desapareceu em 1540, sendo de novo referido em 1553. No entanto, essa referência deve ter sido feita em relação aos seus herdeiros. (AGR Chambre de Comptes, Reg. No. 2347, fol. 68, Archives Générales de Royaume, Bruxelas). Para mais informações sobre a definição de supercompanhias ver Edwin Hunt, *The Medieval Super-Companies: A Study of the Peruzzi Company in Florence* (Cambridge, 1994), p. 38. Ver também *Letters of Medieval Jewish Traders* trad. e org. de S. D. Goitein (Princeton, 1973), p. 296. Giovanni Carlo (Juan Carlos) Affaidati, amigo íntimo de Diogo, foi mais tarde usado por Brianda para prestar um depoimento escrito respeitante à legitimidade de Gracia la Chica. Ele fez a declaração no dia 20 de Fevereiro de 1554, em Antuérpia, e enviou-a para Brianda em Veneza. Essa declaração serviu de base para a datação do nascimento da rapariga em 1540.

[51] Mercurio de Gattimara, 1465–1530, cardeal, chanceler do Tesouro de 1518 à sua morte.

[52] Otto von Habsburg, *Charles V* (Londres, 1970), p. 111, baseado no clássico de Karl Brandi: *Kaiser Karl V...* (Munique, 1937).

[53] Durante o século XVI, os conversos fizeram grandes progressos em toda a parte no mundo do comércio. Um grupo de conversos solicitou e recebeu autorização para se fixar na Inglaterra de Cromwell em 1656.
[54] Roth, p. 31.
[55] Roth, p. 23.
[56] Para mais pormenores ver Roth, p. 33.
[57] Ver Goris, pp. 526–27.
[58] Ver Grunebaum-Ballin, p. 42.
[59] Grunebaum-Ballin, p. 42.
[60] *Bulletin d'Archives d'Anvers*, 7: 263. Segundo Goris (p. 283), ele teve de pagar menos.
[61] Embora Lucien Wolf afirmasse em *Essays in Jewish History* [(Londres, 1934), p. 76)] que a família passou pela Inglaterra, nem Roth (*Doña Gracia*, p. 196), nem outros historiadores conseguiram encontrar documentação que comprovasse esse facto.
[62] A carta é endereçada a Thomas Cromwell, conselheiro privado de Henrique VIII. O pedido de salvo-conduto para a Inglaterra das viúvas Mendes é semelhante à situação dos refugiados judeus durante a perseguição nazi, que pediam e obtinham vistos que em muitos casos acabavam por não poder usar.
[63] Natalie Davies, «Boundaries and the Sense of Self», *Reconstructing Individualism: Autonomy, Individuality and the Self in Western Thought*, org. Thomas C. Heller (Stanford, 1986), p. 54.
[64] O testamento de Francisco é referido na carta 314, J. D. Ford, *Letters of the Court of John III (1521–1557)* (Cambridge, Mass., 1931), p. 344, onde são citados Francisco Mendes e sua filha «Reinha». Não há referências a outros filhos. No respeitante ao segundo casamento, ver as decisões dos rabinos de Salonica no capítulo 7 (sobre o Império Otomano).
[65] Ver Goris, pp. 343–44, 651, que regista a sucessão dos acontecimentos da seguinte forma: acusado de práticas judaizantes a 19 de Julho de 1531; libertado sob pagamento de 43 000 florins; fugitivo em 1540; bens confiscados em 1540.
[66] O *Bulletin des archives d'Anvers*, 7, pp. 252–53. Roth (p. 40) diz que as supraditas obrigações eram os principais encargos sociais dos judeus, depois da promoção dos estudos.
[67] No seu testamento Diogo nomeou dois outros parentes, Abraão Benveniste e Agostino (Agostinho) Enriquez, como auxiliares de Gracia.
[68] Mais tarde, quando o testamento foi contestado, descobriu-se que as identidades dos dois homens estavam ocultas sob nomes fictícios. M. M. A. Levy identificou-os pelos nomes usados nas decisões rabínicas de Joseph Karo (Caro). Ver Grunebaum-Ballin, p. 34, nota 3.
[69] O testamento de Diogo foi publicado por Goris (p. 272). João é referido como sobrinho de Gracia, «su mismo sobrino», e por conseguinte seu

parente de sangue. Brianda era conhecida publicamente apenas por esse nome, talvez por ser um nome tanto cristão como judeu. Geralmente os nomes hebraicos das mulheres são menos conhecidos que os dos homens.

[70] O decreto de Carlos V respeitante a Antuérpia e aos seus «judaizantes» encontra-se em Salomon Ullmann, *Histoire des Juifs en Belgique jusq'au XVIIIe siècle; notes et documents* (Antuérpia, sem data), pp. 38–39, e em Ernest Ginsburger, «Marie de Hongrie, Charles Quint, les veuves Mendes, et les neo- Chrétiens», *Revue des études juives* 89 (1930): 179.

[71] Ver a carta de Novembro de 1940, de Contarini para Veneza, em Norman Rosenblatt, «Joseph Nasi. Court Favorite of Selim II», diss. Universidade de Pensilvânia, 1957, p. 9. Ver também Ginsburger, 179–88.

[72] Ver Ramón Garande, «Maria de Hungria en mercado de Amberes», *Karl V, der Kaiser und seine Zeit. Kölner Collegium, 26–29 November 1958*, (Colónia, 1960), pp. 38–50.

[73] Ginsburger, p. 179.

[74] Brian Pullan, *Rich and Poor in Renaissance Venice: The Social Institutions of a Catholic State to 1620* (Oxford, 1971), pp. 172–73.

[75] Ginsburger (p. 80) afirma incorrectamente que ela era filha de Diogo.

[76] Alice Fernand-Halphen, «Une grande dame juive de la Renaissance», *Revue de Paris* 36: 17 (1929): 148–65.

[77] Alguns autores, entre eles Alexandre Henne, acreditam que o negócio dos Mendes sofreu grandes prejuízos depois da morte de Diogo, chegando quase a arruinar-se. Ver a sua *Histoire du règne de Charles Quint en Belgique* (Bruxelas e Leipzig, 1858–60), 9.106.

[78] Rosenblatt, p. 13.

[79] Muito se tem escrito sobre um autêntico «comboio subterrâneo», empreendimento através do qual Gracia e Diogo teriam financiado a saída de muitas centenas de judeus e criptojudeus do perigo da Inquisição para regiões relativamente seguras, como os territórios do Império Otomano. Embora, de uma maneira geral, isso tenha sido verdadeiro, a maior parte dos autores, escrevendo pouco depois do Holocausto, exagerou essas histórias, influenciada por sentimentos de frustração face àquela tragédia. Mais tarde, Gracia iria de facto envolver-se num projecto de grande escala para transferir judeus italianos para Safed, projecto esse que, por várias razões, se tornou controverso. Para mais informações sobre este assunto, ver capítulo 7.

[80] Em relação aos *asientos* (contratos de empréstimo), existe uma relação clara entre as guerras e o aumento de «dívidas flutuantes» (ver nota 50). No colóquio a que se faz referência na nota 50, respondendo a uma pergunta retórica: «Quem concedia empréstimos sem juros?» Braudel respondeu: «Pessoas insignificantes e pessoas que procuravam obter privilégios e honrarias». A família Mendes não é referida, embora muitos outros – os Fugger, o florentino Filippo Gualterotti, George Van der Donch e Christopher Herwart

(também de Augsburg) – fossem citados. Raramente os banqueiros cristãos emprestavam dinheiro sem juros. Vale a pena referir que em Castela, no reinado de Afonso X, os judeus podiam conceder empréstimos a cristãos ao juro máximo de 33 e 1/3 por cento.

[81] No colóquio supracitado, respondendo a uma pergunta feita pelo Prof. Dr. Lapeyre (durante o período de perguntas e respostas), sobre se os empréstimos poderiam ter sido forçados, Braudel disse que a «boa vontade» era muito provavelmente uma ilusão. Ver p. 201.

[82] Isso não foi referido por Braudel; nem tão-pouco durante o período de perguntas e respostas.

[83] No livro de Jerome Reznik, *Le Duc Joseph de Naxos*, (Paris, 1936), são reproduzidas cópias das cartas em anexo. Maria esperava conseguir 200 000 ducados para a Coroa. Aparentemente, segundo os registos, Carlos chegou mesmo a pagar 3766 ducados às viúvas em Janeiro de 1546, uma pequena fracção daquilo que lhes devia.

[84] Goris, p. 251.

[85] Rosenblatt, p. 18.

[86] Samuel Romanin, *Storia documentata di Venezia* (Veneza, 1857), 6.272.

[87] Goris, p. 272.

[88] Goris, p. 272. Poderia a inicial «B» representar Benveniste? Nazi ou Nasi será o nome de João na Turquia, mas aparece já dessa forma nos registos com os Affaittati. Ver também *Letters of Medieval Jewish Traders*, trad. e org. S. D. Goitein (Princeton, 1973), p. 296.

[89] Ver Roberto Bonfil, *Tra due mondi: Cultura ebraica e cultura christiana nel Medieoevo* (Nápoles, 1997); ibid., *Jewish Life in Renaissance Italy* (Berkeley, Los Angeles, e Londres, 1994). Bonfil examina sobretudo textos hebraicos e italianos. Ele não acredita que a aculturação fosse necessariamente boa e a segregação má. O gueto proporcionava uma condição estável.

[90] Citado por Cecil Roth, *A History of the Marranos* (Nova Iorque, 1974), p. 67. Para uma descrição geral, ver ibid., *A History of the Jews in Venice* (Filadélfia, 1930), *Jewish Communities Series*. Esta obra contém, no entanto, algumas informações erradas sobre Gracia e a sua família. Por exemplo, Roth (p. 83) afirma que «Juan Miquez» chegou a Antuérpia com a mãe, viúva do médico do rei português, cunhada de Gracia. O filho mais novo não é referido.

[91] Ele não é o mesmo que Duarte Gomes, como julgava Roth (p. 293).

[92] Marino Sanuto é conhecido sobretudo pelos seus diários, relatando os anos 1496–1533. Os *Diarii*, compreendendo 58 volumes, foram publicados pela primeira vez em Veneza, 1872–1902.

[93] Para mais informações sobre este assunto, ver Robert C. Melzi, «Ebrei e Marrani in Italia in la Commedia Rinascimentale», *Sefarad* 55.2 (1995): 316. O enredo em que a cidade funciona como a corruptora, arruinando o nobre jovem e ingénuo, é um lugar-comum no teatro renascentista. Um

exemplo típico é a peça *Dundo Maroje*, de Marin Drži, que se passa em Ragusa. Ver também o capítulo relativo ao tema em Peter Burke, *The Historical Anthropology of Early Modern Italy* (Cambridge, 1987), p. 23 e *passim*, assim como em *Il Teatro italiano del Rinascimento* (Milão, 1980).

[94] Melzi, pp. 317–25.

[95] Ver peças como *O Judeu de Malta* de Marlowe e *O Mercador de Veneza* de Shakespeare. Entre os muitos estudos sobre este assunto, dos mais recentes, ver Peter Berek, «The Renaissance Jew», *Renaissance Quarterly* 61.1 (Primavera, 1998): 128–62. Ele defende que «a forma em que as personagens judias aparecem depois de Marlowe deve muito mais ao teatro do que à história» (p. 131). Os judeus foram banidos oficialmente em 1290, durante o reinado de Eduardo I. Aparentemente existiam alguns judeus na Inglaterra, sendo no entanto obrigados a disfarçar a sua crença religiosa.

[96] *Processi del S. Ufficio di Venezia contro ebrei e giudaizzanti (1548–1560): Cura di Pier Cesare Ioly Zorrattini* (Florença, 1980), p. 29. Não será necessário referir aqui os inúmeros estudos que existem sobre a Inquisição, nem entrarei na discussão sobre se as declarações prestadas sob coacção devem ou não ser consideradas pelos historiadores (como o caso actualmente muito discutido sobre os potenciais benefícios para a Medicina das experiências feitas em prisioneiros nos campos de concentração nazis). Segundo Brian Pullan, a ruína do banco dos Priuli está directamente ligada ao édito de expulsão promulgado contra os conversos. Ver «A Ship with Two Rudders: Righetto Marrano and the Inquisition in Venice», *The Historical Journal* 20 (1977): 25–58.

[97] Segundo consta, na altura do édito de expulsão veneziano de 1550, João pediu ao Senado uma ilha onde «os judeus» pudessem viver: «Ibn ausus com Senatu agere de attribuenda Iudais sede in aliqua insularum Venetius adjacientum». Ver Famiano Strada, ... *Excerpta ex decade prima & secunda Historia de bello belgico...* (Oxoniae, 1662), p. 241. Ver também David Kaufmann, «Die Verteribung der Marranen aus Venedig im Jahre 1550», *Jewish Quarterly Review* 13 (1901): 32-52. Como se sabe, a guerra de 1570--73 contra a Turquia resultou noutra expulsão de judeus, mas o édito foi revogado depois do tratado de paz de 1573.

[98] Consiglio X, Secrete filza 9, cc.n.n. 21 marzo 1544 e 22 marzo 1544, citado nos *Processi*, 30.

[99] Pullan, *A Ship with Two Rudders*, p. 72.

[100] *Relazioni degli ambasciatori veneti al Senato*, org. E. Albieri (Florença, 1839), 1.211, conforme citação de Brian Pullan, *The Jews of Europe and the Inquisition of Venice, 1550–1670* (Oxford, 1983), p. 171.

[101] Stephanus Antoniou Xanthoudides, «Venetian Crete», *Crete, Past and Present*, org. Michael Nicholas Elliadi (Londres, 1933), p. 156. Na mesma altura,

muitos católicos de Veneza consideravam a Igreja Grega pior do que a sinagoga: «pezo che se fussino zudei». Citação de Deno John Geanakoplos, *Byzantine East and Latin West: Two Worlds in the Middle Ages and Renaissance*. Studies in Ecclesiastical Culture (Oxford, 1976 [1966]), p. 67.

[102] Werner L. Gundersheimer, *Ferrara: The Style of a Renaissance Despotism* (Princeton, 1973), pp. 124–5.

[103] Pullan, *The Jews of Europe and the Inquisition of Venice, 1560–1670*, p. 168.

[104] Roth, p. 81. Não existem registos citados na obra de Roth sobre transferências de dinheiro anteriores.

[105] É assim que mais tarde o seu nome aparece nas actas do julgamento de Duarte Gomes. *Processi*, p. 226.

[106] O nome judeu dos irmãos Mendes, Bemvenist (Benvenist) aparece no salvo--conduto que as mulheres receberam de Ferrara.

[107] Roth, pp. 178–80.

[108] Kaufmann descreve o processo de Brianda. Kaufmann, David. «Die Vertreibung Der Marranen aus Venedig im Jahre 1550», *Jewish Quarterly Review* 13 (1901), pp. 32–52.

[109] Norman Rosenblatt, «Joseph Nasi: Court Favorite of Selim II,» diss., Universidade da Pensilvânia, p. 20.

[110] Pullan, *The Jews of Europe and the Inquisition of Venice, 1560 – 1670*, p. 179.

[111] Referência feita às duas mulheres a 2 de Julho de 1545. Ver Rosenblatt, p. 12.

[112] Roth, p. 57.

[113] A carta é datada de 12 de Julho de 1549. Ver Roth, p. 58.

[114] Segundo a mesma missiva, supracitada, Gracia e Reyna partiram para Ferrara alguns meses antes da chegada do *chaus*.

[115] É notável que em Veneza, e mais tarde também em Constantinopla, Brianda fosse conhecida por «Madonna Brianda», título que se costumava dar às senhoras da aristocracia que participavam na gestão de instituições de caridade para mulheres. Para mais informações sobre pelo menos uma dessas organizações, ver Monica Chojnacka, «Women, Chatity and Community in Early Modern Venice: The Casa Delle Zitadelle», *Renaissance Quarterly* 51.1 (Primavera, 1998): 68–91. Por via de regra, a «Madre» ou «Madonna» residia no edifício que acolhia as mulheres, mas é possível que o título fosse também conferido às mulheres que apadrinhavam esses estabelecimentos, não apenas às que eram escolhidas ainda jovens para serem treinadas para essa vocação.

[116] *Processi*, p. 31.

[117] Paul Grunebaum-Ballin, *Joseph Naci, duc de Naxos* (Paris, 1968), p. 53.

[118] As actas do julgamento envolvendo a família Nasi foram encontradas nos arquivos venezianos do ano 1553. Foram identificados por Constance H. Rose, «Information on the Life of Joseph Nasi, Duke of Naxus; the Venetian Phase», *The Jewish Quarterly Review*, 60 (1969–70): 342–4. A descoberta

destas informações fascinantes, infelizmente, conduziu Rose a uma conclusão bastante improvável: ela acredita que João na verdade raptou não Gracia la Chica mas a própria Gracia, numa conspiração para tirar a mulher mais velha de Veneza! O tema deste rapto parece confundir e incomodar alguns biógrafos dos Mendes/Nasi. Roth propõe um enredo ainda mais curioso: primeiro, antedata o acontecimento à fuga da família de Antuérpia para Veneza e diz que os protagonistas foram João e Reyna. Também ele considera a fuga uma conspiração para iludir as autoridades, mas levada a cabo com o conhecimento e bênção de Gracia. Segundo Roth: «Os boatos da altura acrescentaram vários pormenores à história. Diziam que João Miquez e a jovem filha de Beatrice se haviam apaixonado e que ele aproveitara a oportunidade para fugir com ela para Veneza, com a mãe no seu encalço» (Roth, p. 51, *passim*). Roth presume que a história tenha sido divulgada apenas para encobrir o desaparecimento repentino da família de Antuérpia. Contudo, na datação de Roth, o acontecimento teria tido lugar vários anos antes das acusações de rapto terem sido intentadas contra João (isto é, em Janeiro–Março de 1553), e com outra rapariga Mendes a servir de heroína. Vários documentos foram encontrados por pesquisadores depois da biografia de Roth ter sido publicada. Para a fonte em que baseie a minha apresentação, ver Benjamin Ravid, «Money, Love and Politics in Sixteenth-Century Venice: The Perpetual Banishment and Subsequent Pardon of Joseph Nasi», *Itália Judaica* (Roma, 1983), p. 159. Nasi foi banido em 1553 e perdoado em 1567.

[119] Grunebaum-Ballin, pp. 52–53, *passim*.

[120] *Processi*, p. 32.

[121] Com este gesto esperavam ganhar credibilidade aos olhos dos seus inquisidores.

[122] *Nicolau Eimeri, Directorium inquisitorium*. Um texto útil para familiarizar o leitor com os processos é a tradução francesa resumida: *Le Manuel des inquisiteurs*, org. Luis Sala-Molins, (Paris e Haia, 1973) (*Savoir historique*, 8). Uma tradução espanhola de Francisco Martin foi publicada em Barcelona em 1996.

[123] Da confissão de Duarte (Odoardo) Gomes [Gomez]. *Processi*, 231: 190–2.

[124] Pullan, *The Jews of Europe*, p. 125. Por mais absurdas que fossem, tais acusações eram extremamente perigosas. Por exemplo, a 22 de Junho de 1486, Nicolaus de Nasis, homem-livre de Malta, declarou sob juramento que vira secretamente, nove dias antes da Semana Santa, como um grupo de judeus de cabeça coberta tinham «torturado um gato, em desprezo da fé católica, como se estivessem a flagelar Cristo numa coluna». Ver Godfrey Wettinger, *The Jews of Malta in the Middle Ages* (Malta, 1985), p. 60 (*Maltese Studies*, 6). Já foi sugerido que Christopher Marlowe usou José Nasi como modelo quando escreveu *The Jew of Malta*, em alguma ocasião depois de 1588.

[125] *Processi*, 230:151–55.

[126] *Processi*, 8 de Abril de 1555, 230:154.

[127] *Processi*, 229:245r–145v.

[128] *Processi*, 227:84.

[129] Outros documentos indicam que em Veneza Gracia vivia no Confinio San Paolo, ao passo que Brianda vivia no Confinio Santa Catarina. Ver Grunebaum--Ballin, p. 52.

[130] *Processi*, 228:81–98.

[131] *Ibid.*

[132] *Ibid.*

[133] Grunebaum-Ballin apresenta a tradução francesa completa do texto italiano. Ver Grunebaum-Ballin, pp. 55–62. («Consiglio dei Dieci, parti secrete», registadas a 27 de Julho de 1555). Com ou sem razão, Gracia achava que Costa exercia uma influência negativa sobre Brianda. Pelo que aconteceu a seguir, parece até concebível que Brianda tenha confessado praticar o judaísmo para poder seguir Duarte da Costa para Ferrara, ou pelo menos, para não ficar sozinha em Veneza.

[134] Ver também, Pullan, *The Jews*, pp. 213–4.

[135] Carta do embaixador veneziano em França, 13 de Setembro de 1555, citada por Grunebaum-Ballin, p. 63.

[136] Para mais informações sobre este assunto, ver o capítulo 7 sobre o Império Otomano. A ideia de Roth (p. 61), de que a briga e o rapto fizeram parte de uma conspiração das irmãs para transferir a sua fortuna para fora da alçada cristã, parece demasiado rebuscada.

[137] Curiosamente, um dos nomes das famílias era Franco.

[138] Werner L. Gundersheimer, *Ferrara: The Style of a Renaissance Despotism* (Princeton, 1973), p. 202.

[139] Esta formulação baseia-se nas observações de Bonfil. Ver Roberto Bonfil, *Jewish Life in Renaissance Italy* (Berkeley, Los Angeles e Londres, 1994), pp. 71–75, e *passim.*

[140] Maria Guiseppina Muzzarelli, «Ferrara, ovvero un porto placido e sicuro ta XV e XVI secolo», *Vita e cultura Ebraica nello stato Estense. Atti del I convegno internazionale di studi Nonantolana 16–17 maggio 1991*, org. Euride Fregni e Mauro Perani (Bolonha, 1992), esp. p. 252. O texto faz a distinção entre hebreus portugueses e espanhóis. Promete aos imigrantes a prosperidade e a prática da sua religião e costumes nacionais em liberdade, sem qualquer impedimento.

[141] Cecil Roth, *Doña Gracia of the House of Nasi* (Filadélfia, 1948), pp. 63–4. O facto de o nome hebraico de Brianda aparecer como Reyna confirma que as irmãs fizeram uma troca com os nomes das filhas.

[142] Além disso, quando em 1556 Thomas Fernandes foi acusado de práticas judaizantes em Bristol, na Inglaterra, e condenado pela Inquisição de Lisboa, ele fez uma referência ao livro *Consolação*, mas trocou os nomes, afirmando

que a obra era dedicada a «Beatrix de Luna, esposa de Diogo [*sic*] Mendes», apesar desse nome não aparecer no livro, que menciona apenas Gracia Nasi.

143 Roth, p. 64.

144 Ver nota 9. O volume I consultado contém notas marginais numa letra não identificada, assinalando os lugares onde uma ideia ou um nome ocorrem mais de uma vez no texto, ou onde um nome aparece em mais de uma forma, por exemplo, «Samuel» e «Semuel». Para mais informações sobre o assunto ver *Introduccion a la Biblia de Ferrara. Actas del Simpósio Internacional sobre la Biblia de Ferrara* (Madrid, 1994).

145 Num artigo recente Aron di Leone chamou a atenção para vários pormenores, despercebidos no passado (11a). Mesmo antes das descobertas de Leoni, Uriel Macias Kapon identificou duas importações na chamada versão «judaica»: dois fólios com a «Tabla de las haphataroth de todo el año» (11a), («La Biblia de Ferrara en bibliotecas y bibliografias españolas» em *Introduccion a la Biblia de Ferrara*, pp. 473–502). Yerushalmi também pôs em dúvida a identificação de Abraão Usque com Duarte Piñel (Pinhel) e de Jeronimo de Vargas com Jom Tob Atias. Ver *A Jewish Classic in the Portuguese Language: Introduction to Samuel Usque's* Consolaçam as Tribulaçoes de Israel, ed. reimpressa (Lisboa, 1989), pp. 86–87. Leoni descobriu uma cópia de um documento notarial de 1556 que demonstra claramente que o nome cristão de Yom Tob Atias era Alvaro Vargas e não Jeronimo, de quem era pai. Ver «New Information on Jom Tob Atias (alias Alvaro Vargas), Co-Publisher of the Ferrara Bible», *Sefarad.* 57, fasc. 2 (1997): 271–76. Os anteriores estudos basearam-se sobretudo em «The Marrano Press at Ferrara, 1552–1555», *Modern Language Review* 38 (1943), de Cecil Roth.

146 Em Lisboa consultei esse exemplar, assim como um segundo exemplar muito bem restaurado.

147 Para mais informações ver *Vita e Cultura Ebraica nello stato Estense. Atti del I convegno internazionale di studi Nonantolana. 16-17 maggio, 1991.* Ver também Cecil Roth, «The Marrano Press at Ferrara, 1552–1555», *Modern Language Review* 38 (1943).

148 A primeira edição é de 1553, mas grande parte dos exemplares foram destruídos pela Inquisição pouco depois da sua publicação. Às ordens de Júlio III, vários Talmudes, obras hebraicas e outras publicações foram queimados no centro do Campo di Fiori. Cerca de cinquenta anos depois, Giordano Bruno era queimado vivo no mesmo local. A segunda edição surgiu em Amsterdão, em 1599. Apesar de obra de Samuel Usque ter sido publicada por Abraão Usque, não é possível comprovar que os dois fossem parentes próximos. Existiram três homens chamados Usque em actividade nessa época e com ligações aos mesmos patronos: Abraão Usque, autor de liturgias hebraicas e tipógrafo, Salomão Usque, dramaturgo e tradutor de Petrarca, e Samuel Usque, autor da *Consolação*. As citações neste livro são da

tradução inglesa de Martin A. Cohen (Filadélfia, 1965). As datas exactas do nascimento e morte de Usque não são conhecidas; existem referências à sua morte em 1557. Ele declarou que os seus antepassados vieram de Espanha e Portugal, e que foram baptizados à força em 1497, possivelmente na mesma altura que os Mendes e os Benveniste.

[149] Talvez influenciado por Samuel Usque, João Baptista d'Este escreveu *Consolaçao christae, e luz para poyo hebreo* em 1616. Convém lembrar que a informação transmitida em forma de conversa era um dos géneros preferidos durante a Renascença. Benedictus Kuripeši de Eslovénia, que em 1530–32 serviu de intérprete ao enviado extraordinário de Fernando, criou uma obra de ficção bastante sofisticada, escrita na forma de um diálogo entre dois moços de cavalariça, discutindo a situação militar, política e moral do Império Otomano. Para mais informações, ver Marianna D. Birnbaum, *Croatian and Hungarian Latinity in the Sixteenth Century* (Zagreb e Dubrovnik, 1993), pp. 335–336, e *passim.*

[150] Julga-se que ainda em Lisboa e usando o nome Duarte Pinhel, Usque escreveu uma gramática de latim, *Latinae grammaticae compendium tractatus de calendis* (Lisboa, 1543). Meyr Kayserling sustentou que Pinhel era o nome cristão de Usque (*Geschichte der Juden im Portugal* [Leipzig, 1967], p. 268.) Vários historiadores aceitaram esta opinião.

[151] Para mais informações, ver o volume *L'Ebreu au Temps de la Renaissance*, org. Ilana Zinguer (Leiden, 1992) (*Brill's Series of Jewish Studies*, 4), que inclui a tradução de um texto hebraico para ladino feita por eruditos conversos de Ferrara em meados do século XVI. Ver também o importante estudo de Aron Di Leone Leoni, «Gli ebrei sefarditi a Ferrara da Ercole I à Ercole II. Nuove richerche e interpretazioni», *La rassegna mensali di Israel* 52 (1987): 407–46.

[152] Ver pp. 37 e 230. Alguns historiadores, aderindo à leitura romântica de Roth, acreditam que esta declaração se refere ao facto de Gracia ter ajudado os marranos a fugir clandestinamente de Espanha e Portugal. A tradução é de Roth (p. 76). Ver a página correspondente na tradução de Cohen, em anexo.

[153] Em algumas fontes o nome da família aparece também como Abrabanel, e o de Benvenida como Bienvenida. Chamado Isacco Abarbanello, foi elogiado por Antonio Frizzi pelos seus comentários ao profeta Daniel, publicados em «Lingua e caratteri ebraici si stampo in Ferrara», *Memorie per la storia di Ferrara*, 4.323 na edição de Bolonha de 1847–58. A primeira edição desta obra em cinco volumes é a de 1791–1809, e existe uma reimpressão de 1975 da edição de Bolonha. Abravanel envolveu-se em questões contemporâneas como a discussão em torno da forma ideal de governo. Usando a Bíblia para fundamentar os seus argumentos, defendeu que a República de Veneza reflectia o ideal moisaico. Para a análise mais completa da sua vida, ver Benzion Netanyahu, *Don Isaac Abravanel: Statesman and Philosopher* (Filadélfia, 1968).

[154] Ver Pnina Nave Levinson, *Was wurde aus Saras Töchtern? Frauen im Judentum* (Gutersloh, 1989), p. 112.

[155] Meyr Kayserling, *Die jüdischen Frauen in der Geschichte, Literatur und Kunst* (Nova Iorque, 1980 [Leipzig, 1879]), pp. 76–9.

[156] Widdmanstadt era especialista em siríaco, mas dominava também o grego e o hebraico. Esteve com Carlos V na Itália e visitou o imperador nos Países Baixos. Embora a maioria dos historiadores aceitem 1551 como a data da morte de Samuel, Amato Lusitano coloca-a a 1547. (*Dioscorides*, 4.171).

[157] Ver Constance H. Rose, «New Information on the Life of Joseph Nasi, Duke of Naxos; The Venetian Phase», *The Jewish Quarterly Review* 60 (1969–70): 336. Para mais informações sobre Núñez ver *ibid.*, *The Life and Work of Alonso Núñez de Reinoso: The Lament of a Sixteenth-Century Exile* (Rutherford, 1971).

[158] Ele pode ter sido um dos muitos refugiados que receberam ajuda dos Mendes. Núñez nasceu provavelmente em Guadalajara e estudou em Alcalá, formando-se em 1545. A sua permanência em Portugal só pode ser deduzida a partir de provas indirectas. Chegou a Itália antes de 1550. No romance utiliza o disfarce de «Isea» e refere-se às lições particulares que dá a duas irmãs. Estas tanto podem ter sido Reyna e Gracia la Chica como (numa inversão de sexos) os irmãos Nasi. Neste caso Núñez já deveria ter estado com a família em Antuérpia. Rose pressupõe erradamente que João tinha dois irmãos, referindo-se a «dois ou três sobrinhos» que deixaram Portugal com Gracia (p. 332). Bernardo era o nome cristão de Samuel. A ideia de Rose de que o patrocínio de Nasi se devia ao desejo de «deixar ficar italianos respeitados para emergências futuras» é pouco convincente.

[159] Tudo leva a crer que Lando tenha sido apresentado à família Mendes por Núñez.

[160] Rose, p. 337. Rose presume que Núñez de Reinoso possa ter denunciado João, porque entre os registos da Inquisição de Veneza encontrou o nome «João Miches» no processo de 1550 como um dos «Ebrei anonimi». Rose julga ter reconhecido o estilo de Núñez de Reinoso no texto da denúncia, achando-o semelhante ao do início do romance. Ela decifrou o nome como «Alphonsus spanuolo». Rose afirma que a acusação não teve seguimento por causa das amizades de João. Ver Rose, p. 336.

[161] Para mais informações sobre a sua vida ver *Amato Lusitano: A sua vida e a sua obra* (Porto, 1907) de Maximiano Lemos.

[162] Para mais informações ver capítulo 7.

[163] Maren Frejdenberg, *Židovi na Balkanu na isteku srednjeg vijeka* (Zagreb, 2000), p. 113, e Jorjo Tadi, *Jevreji u Dubrovniku do polovine XVII stoljea* (Sarajevo, 1937).

[164] As *Centuriae* tornaram-se um verdadeiro *best-seller*. Três edições foram publicadas em Veneza no século XVI (1552, 1557, 1560), e as edições de Basileia (1556) e Leiden (1560 e 1579) sucederam-se pouco depois.

[165] Elias Hiam Lindo, *History of the Jews in Spain* (Londres, 1848), pp. 359–60. Amato era também admirado pelos cristãos ibéricos: J. Lúcio de Azevedo, na sua *História dos Cristãos Novos Portugueses* (Lisboa, 1921) descreve-o como «famoso Amato Lusitano, João Rodrigues de Castello Branco, médico por Salamanca e um dos mais notáveis de seu tempo». Citado por Jaroslav Šik, *Die jüdischen Ärzte in Jugoslawien* (Zagreb, 1931), p. 11. Maximiano Lemos descreve Amato como um excelente clínico, importante teórico e curandeiro experimentado e de muita qualidade, com um grande conhecimento de anatomia e diagnósticos; um homem que utilizava métodos de tratamento racionais.

[166] A alegação de que Gracia serviu de modelo para a medalha não tem qualquer fundamento, não sendo necessário por isso referir a bibliografia sobre o assunto. Para a melhor análise do tema, ver Daniel M. Friedenberg, *Jewish Medals From the Renaissance to the Fall of Napoleon: 1503–1815* (Nova Iorque, 1970), pp. 43–45 e 128, respectivamente. A assinatura de Pastorini, um «p», aparecia normalmente no trajo. Alguns estudiosos afirmam tê-la encontrado também na medalha de «Gratsia Luna».

[167] Ver Norman Rosenblatt, «Joseph Nasi: Court Favorite of Selim II», diss. Universidade da Pensilvânia (Filadélfia, 1957), p. 31.

[168] Ver o subcapítulo «As Crises de Ancona e Pesaro».

[169] Neste capítulo baseio-me sobretudo em Tadi, *Jevreji u Dubrovniku do polovine XVII stoljea* (Sarajevo, 1937), o estudo mais importante feito sobre o assunto até à data. Agradeço à Dra. Ivana Burdelez, que me cedeu generosamente cópias do material de arquivo.

[170] Albrecht Edelgard, *Das Türkenbild in der ragusanisch-dalmatinischen Literatur des XVI. Jahrhunderts* (Munique, 1965), esp. pp. 128–31.

[171] Para mais informações sobre Ragusa e o mundo otomano, ver Maren M. Freidenberg (Frejdenberg), *Dubrovnik i Osmanskaia imperia*, 2ª ed. (Moscovo, 1989); e *ibid.*, *Evrei na Balkanakh*, (Moscovo, 1996), assim como a tradução croata actualizada, *Židovi na Balkanu na isteku srdenjeg vijeka* (Zagreb, 2000). Ver também, Bariša Kreki, *Dubrovnik: A Mediterranean Society. 1300–1600* (Variorum Collected Studies, 581), (1997), especialmente «Gli ebrei [*sic*] a Ragusa nel Cinquecento», pp. 835–44. Foi primeiro publicado em 1987. Ver nota de rodapé 6.

[172] Mesmo antes da ocupação turca da Hungria (1526), Ragusa avisava a corte húngara dos avanços do inimigo. Por exemplo, em 1458, Ragusa informou o rei Matthias Corvinus das condições na Turquia: «Mercatores nostri, qui in Turcos fuere, circa principium istius mensis rediere, Turcorum dominum ad loca Uschopie ex Achaia venisse ferunt, exercitus magna parte febribus et inedia absumpto [*sic*]; ipsum denique Turcorum dominum magno terrore teneri, et nihil magis per maiestatis vestre impetum formidare.» E, além desta informação, acrescentava: «Ex Italia in presenciarum nihil apud nos est

significatu dignum.» József Gelchich e Lajos Thallóczy, *Diplomatarium relationum reipublicae Ragusanae cum regno Hungariae. Ragusa és Magyarország összeköttetéseinek oklevéltára* (Budapeste, 1887), p 612, nº 364.

[173] Ao contrário do que Carter afirma, Dr•i não foi a Veneza «como criado do conde», mas como intérprete. Ver Francis W. Carter, *Dubrovnik (Ragusa): A Classical City-State* (Londres e Nova Iorque, 1972), p. 505. Ver também Edelgard, p. 132.

[174] Bariša Kreki, «Gli ebrei [*sic*] a Ragusa nel Cinquecento», *Gli Ebrei e Venezia, secoli XIV–XVIII, Atti del Convegno internazionale organizatto dall'Istituto di storia della socità e dello stato veneziano della Fondazione Giorgio Cini. Venezia, Isola di San Giorgio Maggiore 5–10 giugno 1983*, org. Gaetano Cozzi (Milão, 1987), p. 835.

[175] Kreki, «Gli ebrei», p. 837.

[176] Embora muitos mercadores e comerciantes usassem Ragusa apenas como um porto de passagem para território otomano nos Balcãs, alguns ficaram na cidade, dando origem a uma colónia que se manteve até à ocupação nazi. Ver Bariša Kreki, *Dubrovnik in the 14th and 15th Centuries: A City between East and West* (Norman, 1972), p. 30.

[177] Ivana Burdelez, «The Role of Ragusan Jews in the History of the Mediterranean Countries», *Jews, Christians and Muslims in the Mediterranean World after 1492*, org. Alisa Meyuhas Ginio (Londres, 1992), p. 192.

[178] Kreki, «Gli ebrei», p. 839. A decisão unânime do Senado era, segundo citação da maior parte dos investigadores sobre o assunto, «de dando libertatem domino rectori et Consílio quod pró congreganda Hebreos in unum ad habitandum possint eligere quinque aut sex domos pró sua habitatione et eo plures sicuti fuerit necessarium, et domos inventos referre debeant ad presens Consilium, et quod precipi faciant dictis Hebreis ut ferant signa quibus destinguantur a christianis» [22 de Abril de 1540].

[179] A rua existe ainda no coração da Cidade Velha. A sinagoga, danificada por um ataque de *rockets* sérvio a 6 de Dezembro de 1991, foi restaurada e reaberta para as festas judaicas em Setembro de 1997.

[180] Segundo os registos do *Consilium Rogatorum* (47, 249), o gueto foi fundado e terminado a 25 de Fevereiro de 1546. Os edifícios do gueto, porém, continuaram a ser propriedade da cidade, e os judeus seus inquilinos.

[181] Tadi, p. 322. Tanto o Conselho Maior como o Conselho Menor de Ragusa participaram nessas decisões.

[182] Citado por Orfali «pela primeira vez», como defende o próprio. Moise Orfali, «Newly Published Documents Regarding Commercial Activities between Doña Gracia Mendes and the Ragusan Republic», versão não publicada de uma conferência; devido à gentileza da Dra. Burdelez. Os documentos que importam aparecem nas pp. 18–22. Não consegui obter uma versão publicada dessa conferência. Como já foi referido neste livro, o

nome usado por Gracia era «de Luna». Jorjo Tadi – que foi o primeiro a publicar vários dos documentos supracitados – refere-se a ela como «Gracija Mendez» e «de Luna», chamando a este último o «nome cristão» (p. 315). Ver Anexo para um fac-símile relativo às negociações de Gracia.

[183] Perto da actual localização do Hotel Excelsior.

[184] Comunicação pessoal da Professora Dra. Burdelez (Setembro de 1997). Esta hipótese é importante: se estiver correcta, significa que Gracia tinha acesso a mais de um porto na região.

[185] Orfali, p. 12, citando Tadi.

[186] Tadi, p. 323, nota de rodapé 7.

[187] Jorjo Tadi, *Jevreji u Dubrovniku do polovine XVII stoljea* (Sarajevo, 1937), p. 324, nota de rodapé 10. As mesmas regras de assinatura aplicavam-se às transacções comerciais de Gracia na Turquia.

[188] A carta de Gracia não deixa claro se eram os franceses ou Carlos V que ameaçavam as suas mercadorias, com base em pretensões anteriores.

[189] Orfali, p. 7, nota de rodapé 11.

[190] Orfali, p. 13. Com poucas diferenças, estas informações vêem no estudo de Tadi, que diz que «por cada baú de vestuário de seda, independentemente de quem as transportasse para Dubrovnik, eram pagos 4,5 ducados... [mas] por um fardo de tecido e quaisquer outros artigos oriundos da Itália era cobrado 1 ducado, por um fardo de peles de cabra 1 ducado... por artigos provenientes do Levante 1% do valor estimado» [p. 323, nota de rodapé 7]. As estatísticas citadas no Capítulo 9 de Francis W. Carter, *Dubrovnik (Ragusa): A Classical City-Sate* (Londres e Nova Iorque, 1972), pp. 349–98, devem ser comparadas por historiadores de economia aos contratos oferecidos pelos concorrentes de Ragusa. Ver nota de rodapé 5.

[191] De facto, na maioria dos casos era impossível transferir dinheiro de um país para o outro, quer fosse da Espanha para os Países Baixos ou para o Levante. Para mais informações sobre o assunto, ver Geoffrey Parker, *The Army of Flanders and the Spanish Road, 1567–1659: The Logistics of Spanish Victory and Defeat in the Low Countries' Wars*, ed. rev. (Cambridge, 1990), p. 146 e *passim*.

[192] Orfali publicou a ordem de Gracia aos seus agentes relativamente à compra de 100 metros cúbicos de cereais em Volosa ou Valona. *Lettere di Levante* 18, 252, (19–20 no texto dele).

[193] Braudel referiu-se a José Nasi como desempenhando o papel de um pequeno Fugger na Porta Otomana. Ver Fernand Braudel, *La Méditerranée et le monde méditerranéen a l'epoque de Philippe II* (Paris, 1949), p. 880.

[194] Orfali, p. 14.

[195] Para mais informações ver capítulo 7 sobre o Império Otomano.

[196] Por acaso, Righetto tinha excelentes relações em Veneza e, embora tivesse passado muito tempo na prisão, foi informado em segredo do conteúdo do

seu processo, incluindo os nomes dos seus delatores. Por fim, com a ajuda de alguns funcionários corruptíveis, fugiu da prisão. Para mais informações sobre Righetto ver Brian Pullen, *The Jews of Europe and the Inquisition of Venice, 1560–1670* (Oxford, 1983), p. 112 e *passim*. As relações de Righetto com Nasi serão descritas no capítulo 7.

[197] Como humanista experiente, Usque emprega a sua língua materna com grande elegância. Fidelino de Figueiredo diz da *Consolação*: «É uma obra nobilíssima, que honra a Língua Portuguesa.» *História da Literatura Clássica*, vol. 1 (Lisboa, 1922), p. 297 (citado na tradução inglesa de Usque, 33).

[198] No século XVI os judeus ibéricos concebiam o Império Otomano como os judeus da Europa de Leste concebiam a América no século XIX: um refúgio às perseguições. Para um compêndio útil sobre o assunto, ver *Christians and Jews in the Ottoman Empire: The Functioning of a Plural Society*, 2 vols., org. Benjamin Braude e Bernard Lewis (Nova Iorque, 1982).

[199] Halil Inalcik, *The Ottoman Empire: Conquest, Organization and Economy* (Londres, 1978), p. 98. (Variorum Reprints). Para pormenores, ver especialmente capítulo 12: «Capital Formation in the Ottoman Empire». Ver também Mark Alan Epstein, *The Ottoman Jewish Communities and Their Role in the Fifteenth and Sixteenth Centuries* (Freiburg, 1980). (*Islamische Untersuchungen*, 56).

[200] Inalcik, p. 102.

[201] Minna Rozen, «Strangers in a Strange Land: the Extraterritorial Status of Jews in Italy and in the Ottoman Empire in the Sixteenth to the Eighteenth Centuries», *Ottoman and Turkish Jewry*, org. Aron Rodrigue (*Indiana University, Turkish Studies*, 12) (Bloomington, 1992), pp. 135–36. Bernard Lewis traça um quadro bem menos benigno dos «dhimma». Ver *The Jews of Islam* (Princeton, 1984), pp. 14–16, 21–22, 40–44, e *passim*.

[202] Para mais informações ver Leah Bornstein-Makovetsky, «Jewish Lay Leadership and Ottoman Authorities in the Sixteenth to the Eighteenth Centuries», *Ottoman and Turkish Jewry*, org. Aron Rodrigue (Bloomington, 1992), pp. 88–121. Ver também *ibid.*, «Structure, Organization and Spiritual Life of the Sephardi Communities in the Ottoman Empire from the Sixteenth to the Eighteenth Centuries», *The Sephardi Heritage*, v. 2 (Grendon, 1989), pp. 314 – 48. É interessante comparar a situação com o que se passava em Espanha: Em Aragão, os judeus castelhanos tinham um «Rab de la Corte», um magistrado superior nomeado pelo rei. A «collecta» era organizada regionalmente em distritos tributários.

[203] O rabi Moses ben Baruch Almosnino viveu em Salonica durante o reinado de Solimão II, quando a população da cidade era maioritariamente judaica. Para mais informações sobre as suas obras principais ver nota de rodapé 26 em baixo. Almosnino foi o primeiro rabino da congregação de Salonica, «Livyat Hen», supostamente nomeado para o cargo por José Nasi. A «Capela da Graça» foi destruída por um incêndio em 1917.

[204] Minna Rozen, p. 131. A Sublime Porta intercedeu também em favor de indivíduos, por exemplo, entre 1566 e 1567, no caso de Aaron di Segure, parente de Gracia e José (Rose, p. 137).

[205] Isso aconteceu, possivelmente, por incitamento e insistência de José Nasi.

[206] Em Veneza, o Ghetto Vecchio, criado em 1541, oferecia alojamento para os mercadores do Levante.

[207] Para mais informações sobre o assunto ver Joseph R. Hacker, «The Sürgün System and Jewish Society in the Ottoman Empire», *Ottoman and Turkish Jewry: Community and Leadership*, org. Rodrigue, pp. 1–65.

[208] Depois da vitória turca em Mohács (1526), 60 famílias judaicas da Hungria foram deslocadas para Sófia, constituindo mais de metade dos judeus da cidade.

[209] Avigdor Levy, *The Sephardim in the Ottoman Empire* (Princeton, 1992), p. 7. Em 1540, existiam 1 542 famílias gregas, 770 famílias arménias e 1.490 famílias judaicas em Constantinopla (Levy, p. 46) Ver também Amnon Cohen, *Jewish Life under Islam: Jerusalem in the Sixteenth Century* (Cambridge, Mass., 1984). Segundo as compilações de Barkan, apenas quatro cidades - Constantinopla, Salonica, Edirne e Tricala - tinham mais de 150 famílias judaicas durante o primeiro quartel do século XVI. Ver Joseph R. Hacker, «The Sürgün System and Jewish Society in the Ottoman Empire», *Ottoman and Turkish Jewry: Community and Leadership*, org. Rodrigue, p. 27.

[210] Levy, p. 6. *Arba'ah Tuvim*, um código de leis judaicas, compilado por Jacob ben Asher (c. 1270–1340), foi o primeiro livro hebraico a ser impresso no Império Otomano. Foi impresso em Constantinopla, entre 1493 e 1494.

[211] *Seder Eliyahu Zuta*, publicado em Jerusalém, 1976. Citado por Hacker, p. 23.

[212] Por vezes, os judeus influentes usavam o sistema da *sürgün* para os seus próprios fins. Por exemplo, depois da desavença entre ambos, José Nasi fez com que David Fasi fosse exilado de Constantinopla. Ver Roth, *The House of Nasi: Duke of Naxos* (Filadélfia, 1947), pp. 204–12.

[213] Entre os mais importantes encontram-se os desenhos de Nicolas de Nicolay, feitos no Império Otomano durante o ano de 1568, e nos quais são representados um mercador judeu (266), um médico judeu (185) e mulheres e raparigas judias (295 e 296, respectivamente). O médico usa um chapéu vermelho alto, enquanto o mercador cobre a cabeça com um turbante amarelo. (*Quatre premiers livres des navigations et pérégrinations orientales* [Antuérpia, 1578]. Também usei as edições de Lyon (1567) e Veneza (1580) (*Les navigationi et viaggi...*). Para mais informações, ver Esther Juhasz, org., *Sephardi Jews in the Ottoman Empire* (Jerusalém, 1989), volume preparado para a exposição, estampa 15. A influência da arte turca revela-se nos bordados de rosas e tulipas, mais vulgares nos séculos XVII e XVIII. Segundo consta, a determinada altura, em finais do século XVI, todos os judeus

tinham de usar chapéus vermelhos, como se vê em Juhasz, estampas 22–23. Para mais informações sobre códigos de vestuário para judeus, ver Avram (Abraão) Galanté, *Documents officiels turcs concernant les juifs de Turquie* (Istambul, 1931). Os judeus, em princípio, estavam impedidos de andar de cavalo (VII). Galanté dedica as páginas 183–6 a Gracia e cita vários documentos relativos a José Nasi (187–94).

[214] Nicholas de Nicolay, edição de Lyon de 1567, citação de Halil Inalcik, *Jews in the Ottoman Economy and Finances, 1450–1550* (Princeton, 1989), pp. 121 e 246.

[215] «A Tragedy written by Thomas Goffe, Master of Arts, and Student of Christ-Church in Oxford, and Acted by the students of the same house» (Oxford, 1968 e 1974). Num curioso erro de impressão, «Hamon, Beiazets Physician, Jewish Monke», aparece na Cena 9, Acto I, com o nome «Haman». Para mais informações sobre os Hamon, ver H. Gross «La famille juive des Hamon», *Revue des études juives*, 56 (1908): 19–20. Moisés Hamon foi patrocinado pelo sultão Solimão. Em 1550, Hamon recebeu autorização para vender a estrangeiros 308 toneladas de trigo, cultivado na sua propriedade «arpalik» (Inalcik, p. 120).

[216] *Tagebuch einer Reise nach Konstantinopel und Klein-asien (1553/55)* de Hans Dernschwam, org. Franz Babinger, conforme o original publicado pelos Arquivos Fugger (Munique e Leipzig, 1923), esp. pp. 107 – 17. A tradução inglesa é minha. Para mais informações sobre a viagem de Dernschwam, ver Marianna D. Birnbaum, «The Fuggers, Hans Dernschwam and the Ottoman Empire», *Südostforschungen* 50 (1991): 119–44.

[217] Dernschwam, pp. 106–7.

[218] Dernschwam, p. 107.

[219] Dernschwam, p. 107 e 109. («Juden schulen sollen zw Constantinopel in 42 sein oder mer, ein jede nation geth in ihre schule», p. 109.)

[220] Dernschwam, pp. 109–10. Outro viajante alemão, Salomon Schweigger, que visitou Constantinopla muito mais tarde, em 1578, queixa-se dos favores que os judeus compravam dos paxás, podendo insultar os cristãos sem medo de castigo. Ver *Ein newe Reyssberschreibung auss Teutschland nach Constantinopel und Jerusalem* (Graz, 1964) (publicado pela primeira vez em 1604).

[221] Luigi Bassano, *Costumi e modi particolari della vita de'Turchi* (Roma, 1545), 7 113; reimpresso., ed. Franz Babinger (Munique, 1963). Existem registos no Archivo General de Simancas em Valladolid, segundo os quais, a 28 de Janeiro de 1552, Bassano recebeu pagamento por serviços prestados (Estado leg.1320.f.100). Para mais informações sobre Bassano ver Marianna D. Birnbaum, *Croatian and Hungarian Latinity in the Sixteenth Century* (Zagreb e Dubrovnik, 1993), pp. 342–6 e *passim*.

[222] Moses ben Baruch Almosnino, *Extremos y grandezas de Constantinopla* (Madrid, 1638). O prefácio original da obra, de Fr. Geronimo de la Cruz,

foi escrito um século antes, em 1536. Escrito originariamente em ladino, *Extremos* foi transcrito para castelhano por Jacob Consino, judeu de Orão. O segundo volume da obra ocupa-se da campanha de Solimão II contra «Seguitvar» (Szigetvár, Hungria, 1566) e da morte do sultão. Almosnino mostra ter conhecimentos pormenorizados do Sul da Hungria, das suas vias fluviais e descreve a construção de uma ponte turca durante a campanha. Alguns historiadores acreditam que ele terá acompanhado Solimão à Hungria. Almosnino foi também autor de *Dreams, Their Origin and True Nature*, trad. Leon Elmaleh (Filadélfia, 1934), obra que dedicou a Nasi em 1565. Para mais informações sobre Almosnino, ver Birnbaum, pp. 338–39.

[223] Almosnino, p. 14. Convém lembrar que o primeiro recenseamento otomano de 1478 não regista judeus, uma vez que estes abandonaram Salonica durante o domínio veneziano. Para mais informações sobre o assunto, ver Bernard Lewis, *The Jews of Islam* (Princeton, 1984).

[224] Amnon Cohen, «On the Realities of the Millet System: Jerusalem in the 16th Century», *Christians and Jews in the Ottoman Empire* (Cambridge, Mass., 1982), 2.16.

[225] Cohen, 2.18.

[226] Jabob Reznik acredita que Gracia sempre quis ir para a Palestina «como todos os judeus». Ver *Le Duc Joseph de Nasi. Contribuition à l'histoire juive du XVIe siècle.* (Paris, 1936), p. 36.

[227] A. Uroševi, «Putovanje Vlatko III Kosača iz Carigrad u Dubrovnik u 16 veku», *Glasnik Geografškog Drustva*, 22 (1936): 86–9. Para mais informações sobre as rotas comerciais usadas no século XVI, ver Anexo 2.

[228] Em princípio, toda a viagem teria sido feita por barco. As primeiras referências a navios de Ragusa no Mar Negro são de 1270. Ver Francis W. Carter, *Dubrovnik (Ragusa): A Classical City State* (Londres e Nova Iorque, 1972), p. 167. Como outros historiadores, Carter descreve também esta viagem de Constantinopla e Ragusa (pp. 140 – 142).

[229] Grunebaum-Ballin, p. 68. A carta com esta história é de Março de 1553, mas vinha anexada a outra de 15 de Abril de 1555.

[230] Dernschwam, p. 116. Péra, hoje Beyoglu, fica a norte do Corno de Ouro. O texto é também citado por Grunebaum-Ballin, p. 70. Michel de Codignac tornou-se um acérrimo defensor de Nasi na Europa. Muitos cristãos europeus achavam que ele tinha sido comprado pela empresa Mendes-Nasi.

[231] Benzion Netanyahu, *The Marranos of Spain from the Late XIVth to the Late XVIth Century according to Contemporary Hebrew Sources* (Nova Iorque, 1966), p. 28.

[232] Netanyahu, pp. 211–13. Segundo os rabinos de Salonica, desde 1292 os judeus ibéricos tinham a oportunidade de escolher entre a conversão e a emigração (ao contrário dos judeus espanhóis que em 1391 se haviam convertido sob a ameaça directa de morte).

[233] Netanyahu, p. 39, citando Simon ben Zemah Duran.

[234] 234 Netanyahu, p. 121, citando Simon ben Zemah Duran. Em Portugal, assim como nos Países Baixos, os casamentos dos conversos eram muitas vezes cerimónias duplas: um casamento cristão público era seguido de um casamento judeu privado. No entanto, no caso de João Miques e Gracia la Chica, não houve cerimónia judaica.

[235] Dernschwam, p. 115.

[236] Carta de Hieronimus Jeruffino, de Janeiro de 1552, ao duque de Ferrara, também citada por Grunebaum-Ballin, p. 71. Ver também nota de rodapé 19,

[237] Dernschwam, p. 115. Exceptuando a declaração de Dernschwam e dos que o citaram, não existe qualquer registo do enterro de Francisco em Jerusalém. A sua sepultura nunca foi encontrada. A identidade de «Barbara» é incerta. Existiu uma Barbara von Blomberg (1527–97), não em Colónia, mas em Regensburg, amante de Carlos V e, supostamente, filha de um simples artesão de moral duvidosa. O filho dela veio a ser D. João da Áustria. Ela pode ter sido a Barbara da descrição de Dernschwam.

[238] Dernschwam, pp. 115–16. Vários historiadores aceitaram esta informação errada como um facto, apesar de isso implicar que no seu primeiro casamento José tivesse casado com a sua própria irmã, a menos que Gracia tivesse uma terceira irmã. Tendo em conta a notoriedade da família, é pouco provável que um dos seus membros passasse completamente despercebido!

[239] Dernschwam, p. 116. Samuel era o irmão de Gracia e Brianda.

[240] Dernschwam, p. 116.

[241] Dernschwam, p. 116. Já havia confirmado que Dernschwam era espião, ou pelo menos um «recolhedor de informações» para o Ocidente. (Ver nota de rodapé 20). Ele fez descrições invulgarmente detalhadas sobre indivíduos e o tipo de informações (sobre fisionomia, comportamentos, hábitos) que recolhia sugere o método de um detective. É interessante como ele pôde dar algum valor aos feitos de Gracia, mas foi incapaz de encontrar algo digno de louvor em José, porque todas as facetas da personalidade de José em que este imitava o mundo cristão eram ofensivas para Dernschwam. Ele criticou também ferozmente o facto de Gracia se vestir como uma aristocrata ocidental. Seria possível traçar um retrato psicológico de Dernschwam a partir suas críticas à família Mendes-Nasi.

[242] Os seus contemporâneos achavam Nasi bastante bonito. Mesmo quando Nasi já tinha cinquenta e tal anos, Gerlach, um capelão alemão junto da Embaixada Imperial, referiu-se a ele como «ein schöner Jüngling» que mulheres muito mais novas poderiam ainda achar atraente (citado por Grunebaum-Ballin, p. 152).

[243] *Viaje de Turquia: La odisea de Pedro de Urdemals*, org. Fernando Garcia Salinero, (Madrid, 1980), p. 452. O autor parece ter sabido que o pai de

Nasi se chamava Samuel, e que era irmão de Gracia. Até sabia que Samuel tinha sido médico. A discussão em torno da identidade do «Dr. Laguna» ultrapassa o âmbito deste livro, embora tenda a concordar com Marcel Batallion que defendeu que o autor não era Cristobal de Villalon. Laguna também informou os seus leitores sobre Gracia (p. 131). Em 1564 um clérigo italiano aludia a uma «Madonna Brianda, uma portuguesa rica». Roth (p. 121) achou que ele queria dizer Gracia. Convém lembrar que «Nasi» significa «príncipe» em hebraico. Só depois de se tornar duque de Naxos, em 1566, é que o nome e o título passaram a coincidir. Antes da sua chegada a Constantinopla, Nasi era conhecido por vários nomes, como Miykas, Miques, Migues e Six ou Sixs.

[244] Gracia não esperava ver Amato Lusitano chegar a Salonica como refugiado e sem quaisquer recursos.

[245] Bernard Dov Cooperman, «Portuguese *Conversos* in Ancona: Jewish Political Activity in Early Modern Italy», *Iberia and Beyond: Hispanic Jews between Cultures. Proceedings of a Symposium to Mark the 500th Anniversary of the Expulsion of Spanish Jewry* (Newark, 1998), pp. 297–352. A citação é tirada da p. 302. Beneficiei bastante do volume desta conferência.

[246] Cooperman, p. 303.

[247] Cooperman, pp. 305–10. Uma vez que uma localização permanente para a sinagoga era disputada na cidade, os judeus estavam dispostos a orar num templo «móvel». Os judeus levantinos tinham autorização para notificar o cônsul otomano das questões criminais, sendo-lhes prometido que as questões mais graves seriam enviadas directamente para Roma. Os levantinos não teriam de pagar os tributos impostos aos judeus locais. Foi também estipulada a absolvição de todos os crimes anteriores.

[248] Brian Pullan, *The Jews of Europe and the Inquisition of Venice, 1550–1670* (Oxford, 1983), p. 173.

[249] Peter Earle, «The Commercial Development of Ancona, 1479–1551», *The Economic History Review*, ser. 2, 22 (1969): 28–44.

[250] Earle, p. 37.

[251] Cooperman, p. 311.

[252] Cooperman, p. 313.

[253] Para mais informações sobre este aspecto, ver Viviana Bonazzoli, «Ebrei italiani, portoghesi, levantini sull piazza commerciale di Ancona intorno alla meta del cinquecento», *Gli Ebrei e Venezia, secoli XIV–XVIII*, org. Gaetano Cozzi (Milão, 1987), p. 272, citando Ariel Toaff.

[254] Cooperman, p. 314. Em 1543, membros da família Abravanel abriram um banco em Ancona com uma licença papal, renovada dez anos mais tarde!

[255] Cooperman, p. 315.

[256] Cooperman, p. 327.

[257] Cooperman, p. 299. Ver também pp. 298–301.

[258] Fallongonio acabou por fugir para Génova com 300 000 ducados no bolso. O comissário que o substituiu revelou-se igualmente cruel (Roth, p. 141.) Embora a maioria dos cristãos discordasse da tolerância de Júlio III, mesmo depois de a Igreja recuar publicamente na aprovação de colónias de conversos durante o papado de Paulo IV, eles continuaram a tolerar o comércio dos conversos.

[259] Para mais informações sobre Lusitano, ver notas de rodapé 79 e 80.

[260] Em *Lettere di Principi*, org. Girolamo Ruscelli (Veneza, 1581). Ruscelli, amigo de Duarte Gomes, o poeta converso, inclui a carta do sultão ao papa (1.117–8). Não se sabe como ela foi parar às mãos de Ruscelli. A carta, também publicada por Roth (pp. 151–2), data de 9 de Março de 1556 (964 no calendário muçulmano).

[261] Rosenblatt, p. 30. Gracia tinha quatro factores a trabalhar para o negócio da família em Ancona: Yacobo Mosso, Aman e Azim Cohen, e Abraham Mus.

[262] Joseph Ha-Cohen, *Emek Habakha (Valley of Tears)*, p. 131. Para mais informações sobre este assunto, ver Avram (Abraham) Galanté, «Deux nouveaux documents sur Doña Gracia Nassy», *Revue des études juives* 65 (191): 153–6. Que eu saiba, não existem registos dos julgamentos.

[263] Marc Saperstein, «Martyrs, Merchants and Rabbis: Jewish Communal Conflict as Reflected in the *Responsa* on the Boycott of Ancona,» *Jewish Social Studies*, 43 (1981): 215–6.

[264] Saperstein, p. 216.

[265] O papa retirou efectivamente o duque de Urbino do seu posto de capitão-general do exército papal, mas esse acto teve mais a ver com a morte do papa anterior do que com as decisões comerciais do duque.

[266] Saperstein, p. 220.

[267] Samuel Usque descreveu o acontecimento na *Consolação*, no ano 1553.

[268] Com efeito, o rabi Bassola morreu em Safed em 1560.

[269] 269 Roth, p. 148. O rabi Soncino, homem de origem italiana e de grande saber, morreu em 1569. As suas *responsa* foram publicadas pelo neto numa obra chamada *Nahalah li-Yehoshua*. Para mais informações sobre as *responsa*, ver Aryeh Shmuelevitz, *The Jews of the Ottoman Empire in the Late Fifteenth and the Sixteenth Centuries: Administrative, Economic, Legal and Social Relations as Reflected in the Responsa* (Leiden, 1984).

[270] Ver também Paul Grunebaum-Ballin, «Un épisode de l'histoire des juifs d'Ancona», *Revue des études juives* 28 (1984): 145–6; e David Kaufmann, «Les Marranes de Pesaro», *Revue des études juives* 16 (1888): 61. Para um estudo recente dos judeus de Salonica, ver Gunnar Hering, «Die Juden von Salonika», *Südostorschungen* 58 (1999): 23–39.

[271] Existe uma medalha semelhante da mesma época, talvez de Pastorini, que retrata uma mulher mais velha, de perfil e usando a mesma roupa que Gracia la Chica. Essa medalha não exibe qualquer inscrição hebraica e nem o autor

nem o modelo foram ainda identificados. É possível que Gracia tenha encomendado a peça, abandonando no entanto Ferrara antes de a encomenda estar pronta.

[272] Ver capítulo 4, esp. «Inquisição por Procuração».

[273] Segundo Grunebaum-Ballin, Gracia la Chica e Samuel ainda se encontravam em Ferrara a 1 de Novembro de 1560. De acordo com a sua datação, o duque respondeu em Junho de 1561, prometendo que o problema do casal seria devidamente tratado. As operações comerciais de Gracia realizavam-se desde Constantinopla a Veneza. Nesta última cidade, em Janeiro de 1575, Girolamo Priuli, patrício idoso, foi nomeado bailio em Constantinopla. Embora já muito depois da morte de Gracia, Girolamo escreveu sobre a famosa questão do pai, que devia 300 000 ducados «àquela senhora Mendes que mais tarde deu a sua filha em casamento a Zuan Miches». O diplomata escreveu que Nasi, «*capo e guide de tutti hebrei i marrani*» (chefe e guia de todos os judeus e marranos) também exigiu o pagamento de despesas e juros, que o seu pai supostamente terá pago. A alegação afectou judeus, conversos e turcos. Para mais informações sobre este escândalo, ver Benjamin Arbel, *Trading Nations, Jews and Venetians in the Early Modern Eastern Mediterranean* (Leiden, 1995), esp. p. 157 e *passim.*

[274] Roth, p. 118.

[275] Ele tomou a decisão de se mudar quando as suas esperanças de conseguir uma posição oficial em Ragusa se viram frustradas. O tratamento conferido a Amato não foi influenciado pela religião, porque após a sua partida, a cidade contratou outro judeu, Abraão, o cirurgião, que trabalhou em Ragusa durante 32 anos.

[276] A sua sepultura, ao contrário de tantas outras sepulturas judaicas, não foi destruída pelos nazis nem pela reconstrução do após-guerra. Desapareceu muito antes. Em 1930, Šik procurou-a em vão. Ver Jaroslav Šik, *Die jüdischen Ärzte in Jugoslawien* (Zagreb, 1931), pp. 9–20.

Diogo Pires de Évora (n. em 1517, também conhecido por Diego ou Jacobus Plavius), amigo íntimo e companheiro de exílio de Amato, não o acompanhou até Salonica. Diogo escreveu excelente poesia sob o pseudónimo latino Didacus Pyrrhus Lusitanus. Também ele recebeu a sua educação hebraica em casa e mais tarde voltou a adoptar o judaísmo, escolhendo o nome Isaías Cohen. Diogo conservou a sua identidade judaica durante toda a sua estada em Ragusa, usando o nome hebraico na sua correspondência e no testamento. Ver Maren Frejdenberg, *Židovi na Balkanu na isteku srednjeg vijeka* (Zagreb, 2000), pp. 122–124. Diogo exerceu medicina com Amato em Antuérpia e em Ferrara. Também seguiu Amato para Ragusa, onde permaneceu durante quarenta anos, até à sua morte (Frejdenberg, pp. 114–5). Enquanto viveu em Ragusa terá dado aulas na escola da cidade. Não existem provas que sustentem esta alegação e parece pouco provável que os habitantes de Ragusa tivessem sido tão tolerantes ao ponto de permitirem um judeu educar os seus filhos. No entanto, é possível que como poeta ele estivesse em contacto com a população estudantil de Ragusa. Uma vez que vivia no gueto, talvez tivesse ensinado crianças judias. O livro de poesia de Didacus foi publicado em Cracóvia, mas porque era dedicado ao Senado de Ragusa, o autor recebeu 15 ducados do governo da República. Segundo consta, Diogo terá sido sepultado em Hercegnovi (Ragusa não tinha cemitério judeu na altura). A sua sepultura também desapareceu. A história da sua vida foi contada por Gjuro Koerber (*Rad*, v. 216) e por Jorjo Tadi, «Didak Pir,» *Zbornik*, 1. 239–53.

[277] 277 Inalcik, p. 123. Antoine Geuffroy, mercador que viajava ao serviço dos Fugger, traçou um quadro positivo de Solimão, descrevendo-o com um homem de honra que defendia a lei e amava a paz. Ver *Briefve descriptio de la Court du Grand Turc. Et ung sommaire du règne des Ottomans Avec ung abrégé de leur folles supertitions*. O original, *Aulae Turcicae...* Parte II. *Solymanni XII & Selim XIII...*, (Basileia, 1577), foi reeditado por Nicholas Honiger. Para trabalhos mais recentes sobre Solimão e o seu tempo, ver A. L. Lybyer, *The Government of the Ottoman Empire in the Time of Süleyman the Magnificent* (Cambridge, Mass., 1913, *Harvard Historical Studies*, 1913); e Andre Clot, *Suleiman the Magnificent: The Man, His Life, His Epoch* (Londres, 1992), tradução do seu *Soliman le Magnifique* (Paris, 1989).

[278] Ver a sua carta de 13 de Setembro de 1563, dirigida à corte francesa; publicada por Ernest Charrière, *Negotiations de la France dans le Levant; ou correspondences, memoires et actes diplomatiques des ambassadeurs de France à Constantinople, envoyes ou residents à divers titres à Venise, Raguse, Malte et Jerusalem...* [dans la collection de documents inedits sur l'histoire de France] (Paris, 1848–60), 4 vols. Ser. I *Histoire politique...*, 2:735.

[279] Citado por Grunebaum-Ballin, p. 78.

[280] *Voyage en Palestine*, citado por Grunebaum-Ballin, p. 79.

[281] Grunebaum-Ballin, p. 79.

[282] Alguns historiadores afirmam que, inicialmente, Nasi quis impedir o estabelecimento de qualquer academia talmúdica ou outra instituição religiosa em Tiberíades. Para mais informações sobre o assunto, ver a crítica de Rivkin da biografia de Nasi feita por Roth, *Jewish Quarterly Review* 40 (1949–50): 205–7.

[283] Um exemplo é a obra do médico e entomologista isabelino, Thomas Moffet, *The Silkwormes and their Flies* (1599), facsim., ed. Victor Houliston, 1899. (*Renaissance English Text Society*).

[284] Alice Fernand-Halphen, «Une grande dame juive de la Renaissance,» *Revue de Paris* (Setembro, 1929), 164–165.

[285] Geveret foi destruída no incêndio de 1660, que também arrasou bairros inteiros. A morte do rabi Yom-tob-Cohen foi celebrada por Saadiah Lungo (Longo?), que também fez um panegírico a Nasi. Para mais informações

sobre este poeta e o seu panegírico a Nasi, ver Israel S. Emmanuel, *Histoire des Israelites de Salonique* (Paris, 1936), p. 219.

[286] Citado por Abraham Danon, «La communité juive de Salonique au XVIème siècle,» *Revue des études juives* 41 (1900): 98–117. Neste artigo o autor inclui biografias de rabinos e os títulos das suas obras. Ver também Joseph Nehama, *Histoire des Israélites de Salonique, III. L'Age d'Or du Sefaradisme Salonicien (1536–1593)*, prem. fasc. (Salónica, 1936), pp. 201–8, e *passim.*

[287] Heinrich Graetz, *Geschichte der Juden*, 3ª ed. (Leipzig, 1891), pp. 28–9. O doutor Hamon pode ter sido o modelo do retrato na gravura «Medicin juif» de Nicolas de Nicolay. (Estampa III)

[288] É provável que tenha sido parente de Isaac Hamon de Granada, médico de um dos últimos governantes muçulmanos e que se julga ter emigrado para o império por volta de 1493. Para mais informações sobre Moisés Hamon, ver Uriel Heyd, «Moses Hamon, Chief Jewish Physician to Süleyman the Magnificent», *Oriens*, 16 (1963): 152–70.

[289] A sua cópia de *Dioscorides*, ou *De materia medica*, como era conhecida pelo título latino, hoje na Biblioteca Nacional de Viena, contém várias notas marginais em hebraico, possivelmente na sua letra.

[290] Charrière, p. 779.

[291] Eliakim Carmoly, *Don Josef duc de Naxos* (Bruxelas, 1855), pp. 11–13, enumera os títulos que Reyna publicou. Como termo de comparação, vale a pena lembrar que na Inglaterra, depois da morte do impressor Roman Redman em 1540, a sua viúva geriu a tipografia em nome próprio até à sua própria morte 22 anos depois. Os historiadores britânicos continuam a achar este feito único.

[292] Roth, *The House of Nasi*, p. 191.

[293] Stephen Gerlach, *Tage-Buch* (Frankfurt-am-Main, 1674), pp. 89–90.

[294] Gerlach, p. 90. «E depois disso, na companhia de vários venezianos, ceei na casa do seu anfitrião, Francisco».

[295] Na luta pelo poder, Nasi e o seu grupo (paxá Lala Mustafa, Hoča Sīnan e paxá Pīale) perderam para o paxá Maomet Sokullu, brilhante estratega e político que veio a ser o principal conselheiro de Murad III.

[296] Avram (Abraham) Galanté, *Histoire des juifs de Turquie* (Istambul, 1985), 9.60.

[297] Para mais informações sobre o assunto, ver Geoffrey Parker, *The Army of Flanders and the Spanish Road 1567–1569, The Dutch Revolt* (Cambridge, 1972), que aborda a logística da vitória e derrota espanholas nos Países Baixos.

[298] Lvov era a única cidade que recebia uma taxa desses comerciantes judeus por qualquer mercadoria que entrasse na Polónia.

[299] Outra boato inverosímil – espalhado pelos cristãos locais – refere-se à ascendência de Selim. Segundo o boato, Selim II não era filho de Solimão,

mas filho de um médico judeu. Roxelane, mãe de Selim, queria dar um filho ao sultão mas deu à luz uma filha. Segundo consta, após o nascimento da criança, ela trocou a filha pelo filho do médico.

[300] Rosenblatt, p. 157. Depois da morte de Sigismundo Augusto (a 7 de Julho de 1572), Nasi perdeu o monopólio de várias mercadorias.

[301] Ver Philip Mansel, *Constantinople: City of the World's Desire, 1453 – 1924* (Nova Iorque, 1998 [1996]), p. 126.

[302] Os Venezianos pagavam tributo a Solimão II para evitar o domínio dos Turcos. Mas na Primavera de 1570, o paxá Pīale, com uma esquadra de cinquenta mil homens, atravessou os Dardanelos e tomou Chipre. O paxá Maomet Sokullu foi sempre contra a tomada de Chipre, querendo obter a ilha através de negociações.

[303] Daniel Friedenberg, *Jewish Medals From the Renaissance to the Fall of Napoleon (1503–1815)* (Nova Iorque, 1970), p. 44.

[304] «Die venezianische Regierung lehnte die Fordeung des Sultans ab, ihn die venezianische Insel Zypern zu überlassen, damit der aus Venedig nach Konstantinopel geflohene Marrano Joseph Nasi dort eine jüdische Kolonie gründen könne».Ver Steinbach, p. 57.

[305] Em sinal de agradecimento à Santa Sé, Veneza expulsou os judeus em 1571. Ragusa, após a mudança no equilíbrio de poderes, terá alegadamente executado um parente de Nasi. Em 1552 a cidade aboliu os privilégios que havia concedido a Gracia Mendes, e que eram prorrogados todos os cinco anos.

[306] Para mais informações sobre as atitudes venezianas para com Nasi, ver Paul F. Grendler, «The Destruction of Hebrew Books in Venice, 1568,» *Proceedings of the American Academy for Jewish Research* 45 (1978): 16. Maria Gracia Sandri e Paolo Alazraki afirmam que existiu sempre um elemento judaico no comércio e na diplomacia da Turquia. Utilizam o alegado envolvimento de Nasi na Batalha de Lepanto como exemplo. Ver *Arte e vita ebraica a Venezia 1516–1797* (Florença, 1971), p. 31. Um comentário sobre o possível envolvimento de Nasi na Batalha de Lepanto ultrapassa o âmbito deste livro.

[307] Salomão Ashkenasi (1520–1601) estudou medicina em Pádua, viveu em Veneza, mudou-se depois para a Polónia e por fim, em 1564, fixou-se em Constantinopla. Foi homem de confiança dos sultões e do embaixador de Veneza. Talvez por causa dos serviços prestados a Veneza, o doge financiou os estudos de Medicina do filho de Ashkenasi em Pádua. Ver Steinbach, p. 105.

[308] Rosenblatt, p. 112.

[309] Para mais informações ver Augustin Arce, «Espionaje y ultima aventura de Jose Nasi (1569–1574)», *Sefarad* 13 (1953): 278. Para mais informações sobre as políticas internas e externas de Filipe II, ver Geoffrey Parker, *The Grand Strategy of Philip II* (New Haven e Londres, 1998).

[310] Fernand, Braudel, *La Méditerranée et le monde méditerranéen a l'epoque de Philippe II* (Paris, 1949), p. 881.

[311] S. Kohn, «Österreich-ungarisch Gesandschafttsberichte über Don Joseph Nasi», *Monatschrift für Geschichte und Wissenschaft des Judentums* 28 (1879): 114–15, e 119, respectivamente. Ver também Marianna D. Birnbaum, *Humanists in a Shattered World: Croatian and Hungarian Latinity in the Sixteenth Century* (Columbus, Ohio, 1986), esp. pp. 213–40.

[312] Schweigger, p. 175.

[313] Para mais informações sobre este assunto ver Uriel Heyd, *Ottoman Documents in Palestine, 1552–1615* (Oxford, 1960). A alegação do inquisidor foi publicada por Carlos Carrete Perrondo e Yolanda Moreno Koch, «Movimiento Mesianico hispano-portugues: Badajoz 1552», *Sefarad* 52 (1992): 65–68.

[314] Alice Fernand-Halphen, «Une grande dame juive de la Renaissance,» *Revue de Paris* (Setembro, 1929), p. 164; Roth, p. 132.

[315] Roth, p. 132.

[316] Fernad-Halphen, p. 161.

[317] Roth, p. 31. Ver Merry E. Wierner, *Women and Gender in Early Modern Europe* (Cambridge, 1993), p. 21.

[318] Alguns historiadores, no seguimento de Roth, interpretaram a seguinte afirmação de Samuel Usque na *Consolação*: «Vós fizestes mais do que todos para trazer à luz o fruto das plantas soterradas na escuridão» (p. 37) como querendo dizer que ela ajudou os judeus a fugir da Europa cristã. Julgo que Usque quis dizer que Gracia levou os conversos a adoptar abertamente o judaísmo.

[319] Em 1568, e apesar da sua amizade com José, Selim II ordenou que todos os judeus usassem roupas características que os distinguissem dos muçulmanos. No território dos Habsburgo, em 1572, Maximiliano II, amigo de infância de José, expulsou todos os judeus do seu império; em 1576, Murad III decretou que cem judeus que se queriam estabelecer em Safed fossem deportados para Chipre.

[320] William Arthur Shaw, *History of Currency: 1252 to 1894* (Nova Iorque, 1896), p. 62.

[321] Shaw, p. 313.

[322] Carlo M. Cipolla, *Money, Prices, and Civilization in the Mediterranean World: Fifth to Seventeenth Century* (Nova Iorque, 1967), p. 37.

[323] Baseado em Shaw, p. 316.

[324] Philip Lardin, «La crise monétaire de 1420–1422 en Normandie», *L'argent en Moyen Age: XXVIIIe Congrès de la Société des Historien Médiévistes de L'Enseignement Superieur Public* (Paris, 1988), p. 105, nota de rodapé 16 e p. 106, nota de rodapé 19, respectivamente.

[325] Para um estudo útil sobre a vida económica espanhola anterior a 1492, ver Miguel Gual Camarena, *Vocabulario del comercio medieval: Coleccion de*

aranceles aduaneros de la Corona de Aragon (Siglos XIII y XIV) (Barcelona, 1976), *Biblioteca de historia hispanica monografias. Serie minor,* 1.

[326] Shaw, p. 322.

[327] Luciano Allegra, *La città verticale: usurai, mercanti e tessitori nella chieri de cinquecento* (Milão, 1987), tabela anterior.

[328] Allegra, p. 72. Ver também Jonathan I. Israel, *European Jewry in the Age of Mercantilism: 1550–1750* (Oxford, 1985).

[329] Para uma biografia recente do décimo primeiro doge, ver Karl-Hartmann Necker, *Dandolo: Venedigs kühnster Doge* (Viena, 1999).

[330] Ugo Tucci, *Mercanti, navi, monete nel Cinquecento veneziano* (Bolonha, 1921), pp. 200–201.

[331] Florence Edler, *Glossary of Medieval Terms of Business: Italian Series 1200 – 1600* (Cambridge, Mass., 1934), p. 317.

[332] Jose Ignazio Gomez Zorraquino, *La burguesia mercantile en el Aragon de los siglos XVI e XVII (1516–1562)* (Saragoça, 1987), p. 109 e *passim.*

[333] Pelo decreto de 23 de Novembro de 1566.

[334] Tucci, pp. 62ü63. Naquela altura 1 ducado = 6 *lire* 4 *soldi*, 1 *lira di grossi* = 10 ducados, 124 *lire* = 200 ducados, 99:4 *lire* = 16 ducados (Tucci, pp. 186 e 199).

[335] Tucci, p. 199.

[336] Şevket Pamuk, *The Monetary History of the Ottoman Empire* (Cambridge, 2000), p. 64. Agradeço ao Prof. Dr. Gabriel Piterberg por me ter chamado a atenção para esta obra.

BIBLIOGRAFIA

Albièri, Eugenio. Ver *Relazione degli Ambasciatori veneti al Senato.*

Albrecht, Edelgard. *Das Türkenbild in der ragusanisch-dalmatinischen Literatur des XVI Jahrhunderts*. Munique, 1965. (*Slawistische Beiträge* 15).

Allegra, Luciano. *La città verticale: usurai, mercanti e tessitori nella chieri de cinquecento*. Milão, 1987.

Almeid, Yizhak. *Les juifs et la vie economique*. (sem data)

Almeida, A. A. Marques de. *Capitais e Capitalistas no Comércio de Especiarias: o Eixo Lisboa–Antuérpia (1501–1549): Aproximação a um Estudo de Geofinança*. Lisboa, 1993.

Almosnino, Moses ben Baruch. *Extremos y grandezas de Constantinopla*. Madrid, 1638.

— *Dreams, Their Origin and True Nature*, trad. Leon Elmaleh, Filadélfia, 1934.

Altman, Arthur. *The Bullion Flow Between Europe and the East. 1000–1750*. Gotemburgo, 1980.

Amador De Los Rios, José. *Historia social, politica y religiosa de los judeos de España y Portugal*. Madrid, 1960. 3 vols.

And, Metin. *Istanbul in the Sixteenth Century*. Istambul, 1994.

Angelini, Werter. «Gli Ebrei di Ferrara nel Settecento. I Coen e altri mercanti nel rapporto con le pubblicche autorità». *Studi storici*. Urbino, 1973.

Ankori, Zvi. Ver *Mi-Lisbon le-Saloniki*.

Anselmi, Sergio. *Venezia, Ragusa, Ancona, tra Cinque e Seicento. Um momento della storia mercantile di Médio Adriatico*. Ancona, 1969.

Antwerp's Golden Age: The Metropolis of the West in the 16th and 17th Centuries. Antuérpia, 1973–1975.

Aramand, Alfred. *Les Médailleurs italiens des quinzième et seizième siècles*. Paris, 1883–87. 3 vols.

Arbel, Benjamin. *Trading Nations, Jews and Venetians in the Early Modern Eastern Mediterranean*. Leiden, Nova Iorque e Colónia, 1995.

Arbel, Benjamin. Ver *The Mediterranean and the Jews*.

Arce, Augustin. «Espionaje y ultima aventura de Jose Nasi (1569––1574)», *Sefarad* 13 (1953).

Assis, Yom Tov (org.). Ver *Jews in the Crown of Aragon*.

Atil, Esin. *The Age of Suleyman*. Nova Iorque, 1987.

Austro-Turcica 1541–1552. Diplomatische Akten... em colaboração com Matthias Bernath, organizado por Karl Nehring. Munique, 1995.

Baer, Yitzhak Fritz. *History of the Jews in Spain*. Filadélfia, 1961. 2 vols. Vol. 1 traduzido por Louis Schoffman do original alemão: *Juden im Christlichen Spanien*. Berlim, 1929–36.

Balletti, Andrea. «Gli Ebrei e gli Estensi», *Atti e Memorie della Deputazione di Storia Patria per la Antiche Provincie Modenesi con l'aggiunta di il tempio maggiore izraelitico e lettere del rabbino maggiore Jacob Israele Carmi*. Bolonha, 1969 (reimpressão da ed. de 1913 do vol. VII, pp. 11–13).

Ballif, Philipp. *Römische Strassen in Bosnien und der Hercegovina*. Viena, 1893.

Barkan, Ömer Lüfti. «Les deportations comme méthode de peuplement et de colonisation dans l'Empire Ottoman». *Revue de la Faculte des Sciences Économiques de l'Université d'Istanbul* XI (1949–50): 67–131.

Baron, Salo W. *The Social and Religious History of the Jews*. 2ª ed. rev. Nova Iorque, 1952–80, esp. vols. IX e X.

Basilewsky, Moses. *Don' Iosif' Nasi. Gercog' Naksoskij*. Odessa, 1895 (*Nasha starina*, 12). (Em microfilme)

Bassano, Luigi. *Costumi e modi particolari della vita de'Turchi*. Ed. Franz Babinger. Munique, 1963, (reimpressão da ed. de Roma, 1545).

Bataillon, Marcel M. *Alonso Núñez de Reinos et les Marranes portugais en Italie*. Lisboa, 1957.

Bayerle, Gustav. *Ottoman Diplomacy in Hungary; Letters from the Pashas of Buda, 1590–1593*. Bloomington, 1972.

Bayerle, Gustav. *Pashas, Begs, and Effendis; a Historical Dictionary of Titles and Terms in the Ottoman Empire*. Istambul, 1997.

Beinart, Haim. *Atlas of Medieval Jewish History*. Nova Iorque, Londres, 1992.

Benbassa, Esther. Ver *Ottoman and Turkish Jewry. Community and Leadership*. Ed. A. Rodrigue. Bloomington, 1992.

Benbassa, Esther. Ver *Sephardi Jewry. A History of the Judeo-Spanish Community in 14th-20th Centuries*. Org. Esther Benbassa e Aron Rodrigue.

Bennasar, Bartolomé. «L'Espace européen ou la mesure des différences», *L'Ouverture du Monde XIV-XVIe siècles*. Ed. Pierre Leon. Paris, 1977.

Berek, Peter. «The Renaissance Jew». *Renaissance Quarterly* 61, 1 (Primavera 1998): 128–162.

Bernard, Yvelise. «L'Orient du XVIe siècle à travers les récits de voyageurs français regards portes sur la société musulmane». Tese de Doutoramento. Universidade de Lyon II, 1988.

Biblia de Ferrara. Edición y prólogo de Moshe Lazar. Madrid, 1996.

Biblia en lengua española: traduzida palabra por palabra dela verdad hebrayca por muy exelentes letrados vista y examinada por el officio de la inquisiçión. Con privilegio del illustrissimo senõr Duque de Ferrara. Amsterdão, 1629/30?

Biegman, Nicholas. *The Turco-Ragusan Relationship*. Haia e Paris, 1967.

Binswanger, Karl. *Untersuchungen zum Status der Nichtmüslime im Osmanischen Reich des 16. Jahrhunderts mit einer Neudefinition des Begriffes "Dima»*. Mónaco, 1977.

Birnbaum, Marianna D. *Humanists in a Shattered World: Croatian and Hungarian Latinity in the Sixteenth Century*. Columbus, Ohio, 1986.

Birnbaum, Marianna D. «The Fuggers, Hans Dernschwam and the Ottoman Empire». *Südostforschungen* 50 (1991): 119–144.

Birnbaum, Marianna D. *Croatian and Hungarian Latinity in the Sixteenth Century*. Zagreb e Dubrovnik, 1993.

Blom, J. C. H. *et al.*, *The History of the Jews in the Netherlands*. (sem data)

Bodian, Miriam. «Men of the Nation: the Shaping of the Identity in Early Modern Europe», *Past and* Present 143 (Maio, 1994).

Bonazzoli, Viviana. «Ebrei italiani, portoghesi, levantini sull piazza commerciale di Ancona intorno alla meta del cinquecento». *Gli Ebrei e Venezia (secoli XIV–XVIII). Atti del Convegno internazionale organizzato dall'Istituto di storia della società e dello stato veneziano della Fondazione Giorgio Cini*. Venezia, Isola di San Giorgio Maggiore, 5–10 giugno 1983. Org. Gaetano Cozzi, Milão, 1987, pp. 727–770.

Bonfil, Roberto. *Jewish Life in Renaissance Italy*. Berkeley, Los Angeles e Londres, 1994.

Bonfil, Roberto. *Tra due mondi: Cultura ebraica e cultura christiana nel Medieoevo*. Nápoles, 1997.

Bornstein-Makovetsky, Leah. «Structure, Organization and Spiritual Life of the Sephardi Communities in the Ottoman Empire from the Sixteenth to the Eighteenth Centuries». *The Sephardi Heritage*, vol. 2, (Org. Grendon), 1989, pp. 314-348.

Bornstein-Makovetsky, Leah. «Jewish Lay Leadership and Ottoman Authorities in the Sixteenth to the Eighteenth Centuries», *Ottoman and Turkish Jewry*, Org. Aron Rodrigue, Bloomington, 1992, pp. 88–121.

Boyden, James M. *The Courtier and the King, Ruy Gómez de Silva, Philip II, and the Court of Spain*. Berkeley, 1995.

Bradford, William. *Correspondence of the Emperor Charles V and his Ambassadors at the Court of England and France*. Londres, 1850.

Brandes, Francesca. Ver *Venice and Environs. Jewish Itineraries; Places, history and art*.

Brandi, Karl. *Kaiser Karl V*. Munique, 1937.

Braude, Benjamin [e] Bernard Lewis. (orgs.). *Christian and Jews in the Ottoman Empire: The Functioning of a Plural Society*. Nova Iorque, 1982. 2 vols.

Braude, Benjamin. «Community and Conflict in the Economy of the Ottoman Balkans, 1500–1650». Tese de Doutoramento. Universidade de Harvard, 1977.

Braudel, Fernand. *La Méditerranée et le monde méditerranéen a l'epoque de Philippe II*. Paris, 1949.

Braudel, Fernand. «Les emprunts de Charles-Quint sur le place d'Anvers», *Charles Quint et son temps: Colloques internationaux du centre nacional de la recherche scientifique*. Paris, 1972.

Braudel, Fernand. Ver *Welt [Die] des Mittelmeeres*.

Bulletin des Archives d'Anvers.

Burdelez, Ivana. «The Role of Ragusan Jews in the History of the Mediterranean Countries». *Jews, Christians and Muslims in the Mediterranean World after 1492*. Org. Alisa Meyuhas Ginio, Londres, 1992.

Burke, Peter. *The Historical Anthropology of Early Modern Italy*. Cambridge, 1987. (Oxford, 1986).

— *The Italian Renaissance Culture*. Oxford, 1987.

Busbecq, Oghier (Augier) Ghisland de. *Legationis Turcicae Epistolae Quatuor*. 1589. Carta 3.

Camarena, Miguel Gual. *Vocabulario del comercio medieval: Coleccion de aranceles aduaneros de la Corona de Aragon (Siglos XIII y XIV)*. Barcelona, 1976, *Biblioteca de historia hispanica monografias. Serie minor,* 1.

Carande, Ramón. «Maria de Hungria en el Mercado Amberes». *Karl der Kaiser und seine Zeit, Kölner Colloquium, 23–29 Novembro, 1958*. Colónia, 1960.

Carande, Ramón. *Carlos V y sus banqueros. La vida economica en Castilla (1516–1556)*. Madrid, 1949–68, 3 vols.

Carmoly, Eliakim. *Don Josef duc de Naxos*. Bruxelas, 1855.

Carmoly, Eliakim. *Don Josef Nassy duc de Naxos*. 2ª ed. Frankfurt, 1868.

Carter, Francis W. *Dubrovnik (Ragusa): A Classical City-State*. Londres e Nova Iorque, 1972.

Centuriae, Veneza, 1552, 1557, 1560, Basileia, 1556, Leiden, 1560, 1570.

Charrière, Ernest. *Negotiations de la France dans le Levant; ou correspondences, memoires et actes diplomatiques des ambassadeurs de France à Constantinople, envoyes ou residents à divers titres à Venise, Raguse, Malte et Jerusalem... (dans la collection de documents inedits sur l'histoire de France)*. Paris, 1848–60, 4 vols. Ser. I., *Histoire politique*.

Chojnacka, Monica «Women, Charity and Community in Early Modern Venice: The Casa Delle Zitadelle». *Renaissance Quarterly* 51.1 (Primavera, 1998): 68–91.

Christians and Jews in the Ottoman Empire: The Functioning of a Plural Society. Orgs. Benjamin Braude e Bernard Lewis, Nova Iorque, 1982, 2 vols.

Cipolla, Carlo M. *Money, Prices, and Civilization in the Mediterranean World: Fifth to Seventeenth Century*. Nova Iorque, 1967.

Clot, André. *Suleiman the Magnificent: The Man, His Life, His Epoch*. Londres, 1992. (trad. de André Clot de *Soliman le Magnifique*, Paris, 1989).

Cohen, Amnon. «On the Realities of the Millet System: Jerusalem in the 16th Century». *Christians and Jews in the Ottoman Empire*. Cambridge, Mass., 1982, 2 vols.

Cohen, Amnon. *Jewish Life under Islam: Jerusalem in the Sixteenth Century*. Cambridge, Mass., 1984.

Cohen, Ammon [e] Bernard Lewis. *Population and Revenue in the Towns of Palestine in the Sixteenth Century*. Princeton, 1978.

— Ver *Ghetto [The] in Venice, Ponentini, Levantini e Tedeschi 1516–1797*.

Cohen, Julie Marthe. Ver *Joden onder de islam; een cultuur in historisch perspectief. Jews under Islam. A Culture in Historical Perspective*.

Cooperman, Bernard Dov. «Portuguese *Conversos* in Ancona: Jewish Political Activity in Early Modern Italy». *Iberia and Beyond: Hispanic Jews between Cultures. Proceedings of a Symposium to Mark the 500th Anniversary of the Expulsion of Spanish Jewry*. Newark, 1998, pp. 297–352.

Cracco Ruggini, Lelie. «Note sugli ebrei in Italia dal IV al XVI seccolo». *Rivista storica italiana* 76 (1961).

Culture and Identity in early Modern Europe (1500–1800). Essays in Honor of Natalie Zemon Davis. Orgs. Barbara B. Diegenfeld e Carla Hesse. Ann Arbor, 1996.

Danon, Abraham. «La communité juive de Salonique au XVIème siècle». *Revue des études juives* 41 (1900): 98–117.

Davies, Natalie. «Boundaries and the Sense of Self». Ver *Reconstructing Individualism: Autonomy, Individuality and the Self in Western Thought*. Org. Thomas C. Heller *et al.*

D'Azevedo, J. Lúcio. *História de Cristãos Novos Portugueses*, Lisboa, 1921.

Dernschwam, Hans. *Tagebuch einer Reise nach Konstantinopel und Kleinasien (1553/55). Nach der Urschrift im Fugger Archiv herausgegeben und erläutert von Franz Babinger*. Munique e Leipzig, 1923.

D'Este, João Baptista. *Consolação christã, e Luz para o povo hebreo*. 1616.

De Figueiredo, Fidelino. *História da Literatura Clássica*. I, Lisboa, 1922.

De Mira, Matias Ferreira. *História de Medicina Portuguesa*. Lisboa, 1948.

Diegenfeld, Barbara D. Ver *Culture and Identity in Early Modern Europe (1500–1800)*.

Earle, Peter. «The Commercial Development of Ancona, 1479–1551». *The Economic History Review*. Ser. 2, 22 (1969): 28–44.

Ebreu [L'] au temps de la renaissance. Org. Ilana Zinguer. Leiden, 1992 (Brill Series of Jewish Studies, 4).

Eder de Rover, Florence. «The Market for Spices in Antwerp, 1538–1544». *Revue belge de philology et d'histoire* XVII (1938).

Edler, Florence. *Glossary of Medieval Terms of Business: Italian Series 1200 – 1600*. Cambridge, Mass., 1934.

Eimeric, Nicolau. *Directorium inquisitorium*. Trad. francesa, *Le Manuel des inquisiteurs*. Org. Luis Sala-Molins. Paris, Haia, 1973 (Savoir historique, 8). Trad. espanhola de Francisco Martin, Barcelona, 1996.

Emmanuel, Israel S. *Histoire des Israelites de Salonique*. Paris, 1936.

Encyclopedia Judaica. Jerusalém, 1971.

Endelman, Todd M. *The Jews of Britain, 1656–2000*. Berkeley, 2002 (Jewish Communities in the Modern World, 3).

Epstein, Mark Alan. *The Ottoman Jewish Communities and Their Role in the Fifteenth and Sixteenth Centuries*. Freiburg, 1980. (Islamische Untersuchungen, 56).

Eskenazi, E. Ver *Evreiski izvori*.

Farley-Hills, D. L. «Was Marlowe's Malta "Malta"?» *Malta University. Journal of the Faculty of Arts* 3:1 (1965).

Fernand-Halphen, Alice. «Une grande dame juive de la Renaissance». *Revue de Paris*. Setembro, 1929.

Ford, J. D. *Letters of the Court of John III (1521–1557)*. Cambridge, Mass., 1931.

Franco, Moïse. *Essai sur l'histoire des Israélites de l'Empire ottoman, depuis les origins jusque à nos jours*. Paris, 1897.

Freidenberg (Frejdenberg), Maren M. *Dubrovnik i Osmanskaia imperia*. 2ª ed. Moscovo, 1989.

— Maren M. *Evrei na Balkanakh*. Moscovo, 1996. Ed. croata, *Židovi na Balkanu na isteku srednjeg vijeka*. Zagreb, 2000.

Friedenberg, Daniel M. *Jewish Medals From the Renaissance to the Fall of Napoleon (1503–1815)*. Nova Iorque, 1970.

Friedenwald, Harry. *The Jews and Medicine*. Baltimore, 1955. 2 vols.

Frizzi, Antonio. *Memoire per la storie di Ferrara*. Ferrara, 1791–1809 (reeditado em Bolonha, 1975).

Fuhrer ab Heimendorf. *Voyage en Palestine*. (sem data).

Galanté, Abraham. «Deux nouveaux documents sur Doña Gracia Nassy». *Revue des études juives* 65 (19?1).

Galanté, Avram (Abraham). *Documents officiels turcs concernant les juifs de Turquie*. Istambul, 1931.

— *Histoire des Juifs de Turquie*. Istambul, 1985, vol. 9.

Galanté, Avram (Abraham). *Hommes et choses juifs Portugais en Orient*. Constantinopla, 1927.

— *Médicins juifs au service de la Turquie*. Istambul, 1938.

Gallana, C. *Il ghetto degli ebrei in Este*. Este, 1974.

Garande, Ramón. «Maria de Hungria en mercado de Amberes», *Karl V, der Kaiser und seine Zeit. Kölner Collegium, 26–29 November 1958*. Colónia, 1960.

Geanakoplos, Deur. *Byzantine East and Latin West: Two Worlds in the Middle Ages and Renaissance. Studies in Ecclesiastical Culture*. Oxford, 1976 (1966).

Gebhard, Carl. *Die Schriften des Uriel da Costa*. Amsterdão, 1922.

Gelchich, József e Lajos Thallóczy, *Diplomatarium relationum reipublicae Ragusanae cum regno Hungariae. Ragusa és Magyarország összeköttetéseinek oklevéltára*. Budapeste, 1887.

Gerber, Haim. «Jewish Tax-Farmers in the Ottoman Empire in the 16th and 17th Centuries». *Journal of Turkish Studies* 10 (1986): 143–54.

Geremek, Bronislaw. «Der Aussenseiter». *Der Mensch des Mittelalters*. Org. Jacques Le Goff. Frankfurt, 1989.

Gerlach, Stephen. *Tage-Buch*. Frankfurt-am-Main, 1674.

Geuffroy, Antoine. *Aulae Turcicae... Othomanique Imperii Descriptio... pars II, Solymanni XII & Selim XIII...* Basileia, 1577.

— *Briefve descriptio de la Court du Grand Turc. Et ung sommaire du règne des Ottomans Avec ung abrégé de leur folles supertitions*. (sem data).

Ghetto [The] in Venice, Ponentini, Levantini e Tedeschi 1516–1797. Org. Julie-Marthe Cohen. Gravenhage, 1990 [e] Zwolle, 1993.

Göllner, Carl. *Turcica: Die Europäischen Türkendrucke des XVI. Jahrhunderts*. Bucareste, 1961–78. 3 vols.

Ginsburger, Ernest. «Marie de Hongrie, Charles Quint, les veuves Mendes, et les neo-Chrétiens». *Revue des études juives* 89 (1930).

Goffe, Thomas. *A Tragedy written by Thomas Goffe, Master of Arts, and Student of Christ-Church in Oxford, and Acted by the students of the same house*. Oxford, 1974 (1968).

Goffman, Daniel. «Ottoman Millets in the Early Seventeenth Century». *New Perspectives on Turkey* 11 (1994), 135–158.

Goitein, Shelomoh Dov. Ver *Letters of Medieval Jewish Traders*.

Goodblatt, Morris S. *Jewish Life in Turkey in the Sixteenth Century as Reflected in the Legal Writings of Samuel Medina*. Nova Iorque, 1952.

Goris, J. A. *Études sur marchandes méridionales (portuguais, espagnols, italiens) à Anvers de 1488 à 1567*. Lovaina, 1925.

Graetz, Heinrich. *Geschichte der Juden*. 3ª ed. Leipzig, 1891.

Grendler, Paul F. «The Destruction of Hebrew Books in Venice, 1568». *Proceedings of the American Academy for Jewish Research* 45 (1978).

Gross, H. «La famille juive des Hamon». *Revue des études juives*, 56 (1908).

Grunebaum-Ballin, Paul. *Joseph Naci duc de Naxos*. Paris e Haia, 1968.

— «Un épisode de l'histoire des juifs d'Ancona». *Revue des études juives* 28 (1984).

Gundersheimer, Werner L. *Ferrara: The Style of a Renaissance Despotism*. Princeton, 1973.

Ha-Cohen, Joseph [and the Anonymous Corrector]. *Emek Habacha* (Valley of Tears). Ed. e trad. H. S. May. Haia, 1971.

Habsburg, Otto von, *Charles V*. Londres, 1970.

Hacker, Joseph R. «The Jewish Communities of Salonika from the Fifteenth to the Sixteenth Century». Tese de Doutoramento. Jerusalém, Hebrew University, 1978.

— «The Sürgün System and Jewish Society in the Ottoman Empire». *Ottoman and Turkish Jewry: Community and Leadership*, org. Aron Rodrigue, Bloomington, 1992, pp. 1–65 (Indiana University, Turkish Studies, 12).

Hananel, A., E. Eskenazi [e] N. Todorov. *Evreiski izvori. Fontes hebraici ad res oeconomicus socialesque terrarum balcanicarum saeculo XVI. pertinentes*. Sófia, 1958–60. 2 vols.

Heller, Thomas *et al. Reconstructing Individualism*. Palo Alto, 1986.

Henne, Alexandre. *Histoire du règne de Charles Quint en Belgique*. Bruxelas e Leipzig, 1858–60.

Hering, Gunnar. «Die Juden von Salonika». *Südostforschungen* 58 (1999): 23–39.

Heyd, Uriel. «Moses Hamon, Chief Jewish Physician to Süleyman the Magnificent». *Oriens*, 16 (1963): 152–170.

— «Ottoman Documents on the Jews of Safed». *Ottoman Documents on Palestine. 1552–1615*, Oxford, 1960.

— «Turkish Documents on the Building of Tiberias in the 16th century». *Defunot* 10 (1966), 195–210 (em hebraico).

History of Jews in the Islamic Countries. Org. S. Ettinger. Jerusalém. Vol. I (1986): 73–118.

History of the Jews in the Netherlands. Org. J. C. H. Blom *et al.* Tulane, 2002.

Holzknecht, Karl Julius. «Literary patronage in the Middle Ages». Tese de Doutoramento. Filadélfia, 1923.

Hunt, Edwin. *The Medieval Super-Companies: A Study of the Peruzzi Company in Florence*. Cambridge, 1994.

Il Teatro italiano del Rinascimento (Milão, 1980).

Inalcik, Halil. *Jews in the Ottoman Economy and Finances; 1450–1550*. Princeton, 1989.

— *The Ottoman Empire: Conquest, Organization and Economy*. Londres, 1978. (Variorum Reprints).

— *The Ottoman Empire: the Classical Age, 1300–1600*. Princeton, 1973.

— «The Turkish Impact on the Development of Modern Europe». *The Ottoman State and its Place in World History*. Org. Kemal H. Karpat. Leiden, 1974.

Inquisicion Española y metalidad inquisitorial, org. A. Alcalà *et al.* Barcelona, 1984.

Introduction a la Biblia de Ferrara: Actas del Simposio Internacional sobre la Biblia de Ferrara. Madrid, 1994.

Israel, Jonathan I. *European Jewry in the Age of Mercantilism: 1550–1750*. Oxford, 1985.

Islamic [The] World from Classical to Modern Times. Essays in Honor of Bernard Lewis. Org. C. E. Bosworth [*et al*]. Princeton, Nova Iorque, 1989.

Jaffé, Franz. *Don Joseph Nasi, Herzog von Naxos*. Viena, 1931 (Memorah Jahrbücher, 9).

Jardine, Lisa. *Worldly Goods. A New History of the Renaissance*. Nova Iorque, 2000.

Jews, Christians and Muslims in the Mediterranean World after 1492. Org. Alisa Meguhas Ginio. Nova Iorque, 1992.

Jews [The] in the Crown of Aragon. Regesta of the "Cartas Reales", in the Archivio de la Corona de Aragón. Org. Yom Tov Assis. Jerusalém, 1993–95. Parte I: 1066–1327. Parte II: 1328–1493.

Jireek, K. *Die Bedeutung von Ragusa in der Handelsgeschichte des Mittelalters*. 1899.

Joden onder de islam; een cultuur in historisch perspectief. Jews under Islam. A Culture in Historical Perspective. Org. Julie-Marthe Cohen. Amsterdão, 1993.

Jones-Davies. M. T. Ver *Mariage au temps de la Renaissance*.

Juhasz, Esther. org., *Sephardi Jews in the Ottoman Empire.* Jerusalém, 1989.

Kamen, Henry. «The Mediterranean and the Expulsion of Spanish Jews in 1492». *Past and Present* 119 (1988), 30–55.

Kaufmann, David. «Die Vertreibung Der Marranen aus Venedig im Jahre 1550». *Jewish Quarterly Review* 13 (1901): 32–52.

— «Les Marranes de Pesaro». *Revue des études juives* 16 (1991).

Kayserling, Meyr. *Die jüdischen Frauen in der Geschichte, Literatur und Kunst.* Nova Iorque, 1980 (Leipzig, 1879).

Kayserling, Meyr. *Geschichte der Juden im Portugal.* Leipzig, 1967.

Kellenbenz, Herman. «I Mendes i Rodriques d'Evora e i Ximenes nei lore rapporti commerciali con Venezia». *Gli Ebrei e Venezia (secoli XV–XVII). Atti del Convegno internazionale organizatto dall'Istituto di storia della società e dello stato veneziano della Fondazione Giorgio Cini. Venezia, Isola di San Giorgio Maggiore, 5–10 giugno 1983.* Org. Gaetano Cozzi, Milão, 1987.

Kisch, Guido. «The Yellow Badge in History». *Historia Judaica* XIX (1959).

Klausner, Joseph. *Don Joseph Nasi.* Jaffa, 1914 (em hebraico).

Kohn, S. «Österreich-ungariscen Gesandschafttsberichte über Don Joseph Nasi». *Monatschrift für Geschichte und Wissenschaft des Judentums* 28 (1879).

Körbler, Djuro. «Život i rad humanista Didaka Potugalca, napose u Dubrovniku». *Rad* 216 (1917): 1–169.

Krekic, Bariša. *Dubrovnik: A Mediterranean Urban Society, 1300–1600* (Valiorum Collected Studies, 581), 1997.

— *Dubrovnik in the 14th and 15th Centuries: A City between East and West.* Norman, 1972.

— «Gli ebrei [*sic*] a Ragusa nel Cinquecento», *Gli Ebrei e Venezia (secoli XIV–XVIII). Atti del Convegno internazionale organizatto dall'Istituto di storia della socità e dello stato veneziano della Fondazione Giorgio Cini. Venezia, Isola di San Giorgio Maggiore 5–10 giugno 1983.* Org. Gaetano Cozzi, Milão, 1987.

Laguna, Andreas. *Viaje de Turquia: La odisea de Pedro de Urdemals.* Org. Fernando Garcia Salinero, Madrid, 1980.

Lamdan, R. «The Boycott of Ancona: Viewing the Other Side of the Coin». *From Lisbon to Salonika and Constantinople.* 2ª ed. Ankori, Tel Aviv, 1988 (em hebraico).

Lane, Frederic. *The Mediterranean Spice Trade: Further Evidence of Its Revival in the Sixteenth Century*. Baltimore, 1996.

Lardin, Philip. «La crise monétaire de 1420–1422 en Normandie», *L'argent en Moyen Age: XXVIIIe Congrès de la Société des Historien Médiévistes de L'Enseignement Superieur Public*. Paris, 1988.

Le Goff, Jacques. Ver Geremek, Bronislaw.

Le Goff, Jacques. *Kaufleute und Bankiers im Mittelalter*. Frankfurt, 1993.

— *Marchands et Banquiers du Moyen Age*. Paris, 1956 («Que Sais-Je», 699).

Lemm, Robert. *Die Spanische Inquisition: Geschichte und Legende*. Trad. do neerlandês de Walter Kumpman, Munique, 1966.

Lemos, Maximiano. *Amato Lusitano: A Sua Vida e a Sua Obra*. Porto, 1907.

Leoni, Aron Di Leone. «Gli ebrei sefarditi a Ferrara da Ercole I à Ercole II. Nuove richerche e interpretazioni». *La rassegna mensali di Israel* 52 (1987): 407–446.

Leoni, Aron Di Leone. «New Information on Jom Tob Atias (alias Alvaro Vargas), Co-Publisher of the Ferrara Bible». *Sefarad* 57. Fasc. 2 (1997): 271–276.

Lettere di Principi. Org. Girolamo Ruscelli, Veneza, 1581, Vol. 1.

Letters of Medieval Jewish Traders. Trad. e org. S. D. Goitein, Princeton, 1973.

Levinson, Pnina Nave. *Was wurde aus Saras Töchtern? Frauen im Judentum*. Gutersloh, 1989.

Levy, Avigdor. *The Sephardim in the Ottoman Empire*. Princeton, 1992.

Levy, M. A. *Don Joseph Nasi, Herzog von Naxos*. Breslau, 1859.

Lewis, Bernard. *The Jews of Islam*. Princeton, 1984.

— *Studies in Classical and Ottoman Islam (7th–16th Centuries*. Londres, 1976 (Variorum Reprints).

Lindo, Elias Hiam. *History of the Jews in Spain*. Londres, 1848.

— *History of the Jews in Spain and Portugal*. Nova Iorque, 1970.

«Lingua e caratteri ebraici si stampo in Ferrara». *Memorie per la storia di Ferrara*. vol. 4, Bolonha, 1847–1858. Primeira edição: 1791–1809. Existe uma reimpressão (1975) da edição de Bolonha.

Logan, Oliver. *Culture and Society in Venice 1470–1790*. Londres, 1972.

Lopes, J. M. *Les Portugais à Anvers au XVe siècle*. Antuérpia, 1895.

Lybyer, Albert Howe. *The Government of the Ottoman Empire in the Time of Süleyman the Magnificent*, Cambridge, Mass., 1913 (Harvard Historical Studies 18).

Lytle, E. G. F. [e] S. Orgel. Ver *Patronage in the Renaissance.*

Magalhães Godinho, V. *L'Empire portugais au XVe e XVIe siècles*. Paris, 1969.

Mansel, Philip. *Constantinople: City of the World's Desire, 1453–1924*. Nova Iorque, 1998 (1996).

Mantran, Robert. *La vie quotidienne à Constantinople au temps de Soliman le Magnifique et des successeurs*. Paris, 1965.

— «Règlements fiscaux ottomans: la police des marches de Stamboul au débout du XVIe siècle». *Cahiers de Tunisie* 14 (1965): 238–60.

Marriage au temps de la Renaissance. Org. M. T. Jones-Davies. Paris, 1973.

Marini, Lino. *Lo stato Estense*. Torino, 1987.

Markrich, W. L. «The "Viaje de Turquia": A Study of its Sources, Authorship and Historical background». Tese de Doutoramento. Universidade da Califórnia, Berkeley, 1955 (cópia em microfilme).

Martz, Linda. «Pure Blood Statutes in Sixteenth-Century Toledo: Implementation as Opposed to Adaptation». *Sefarad* 54,1 (1994): 83–107.

Mediterranean [The] and the Jews: Finance and International Trade, 16th –18th Centuries. Org. Ariel Toaff e Simon Schwarzfuchs. Leiden, 1980.

Melzi, Robert C. «Ebrei e Marrani in Italia in la Commedia Rinascimentale». *Sefarad* 55,2 (1995): 314–25.

Metzger, Thérèse [e] Mendel Metzger. *Jewish life in the Middle Ages. Illuminated Hebrew manuscripts of the Thirteenth to the Sixteenth Centuries*. Hong Kong, 1982.

Mi-Lisbon le-Saloniki. From Lisbon to Saloniki. Org. Zvi Ankori. Tel Aviv, 1988 (em hebraico).

Milano, Attilio. *Storia degli Ebrei in Italia*. Torino, 1963.

Miozzi, Eugenio. *Venezia nel secoli*. Veneza, 1957–69. 4 vols (apenas Vol. 3).

Mira, Matias Ferreira de. *História da Medicina Portuguesa*. Lisboa, 1948.

Mitchell, Bonner. *Italian Civic Pageantry in the High Renaissance: A Descriptive Bibliography...* Florença, 1979.

Moffet, Thomas. *The Silkwormes and their Flies*. 1599, Fascim. Org. Victor Houliston, 1899. (Renaissance English Text Society).

Monter, William. *The Spanish Inquisition from the Basque Lands to Sicily*. Cambridge, 1990.

Münch, Ernst Hermann Joseph. *Über der Türkenkriege, namentlich des sechzenten Jahrhunderts*. Zurique, 1821.

Muzzarelli, Maria Guiseppina. «Ferrara, ovvero un porto placido e sicuro tra XV e XVI secolo». *Vita e cultura Ebraica nello stato Estense. Atti del I convegno internazionale di studi Nonantolana 16–17 maggio 1991*. Org. Euride Fregni e Mauro Perani. Bolonha, 1992.

— «Beatrice de Luna, vedove Mendes, alias Donna Gracia Nasi, una "ebrea" influente (1510–1569 ca)». *Rinascimento al femminile*. Org. O. Niccoli. Roma, Bari, 1991, pp. 83–116.

Narín Padilla, Encarnacion. «La villa de Illueca, del Señorio de los Martinez de Luna, en el siglo XV: sus judios». *Sefarad* 56,2 (1996): 333–375.

Necker, Karl-Hartmann. *Dandolo: Venedigs kühnster Doge*. Viena, 1999.

Nehama, Joseph. *Histoire des Israélites de Salonique, III. L'Age d'Or du Sefardisme Salonicien (1536–1593)*. Prem. Fasc., Salonica, 1936.

— «Les médicines juifs à Salonique». *Revue d'histoire de la médicine hébraique* VIII (1931).

Netanyahu, Benzion. *Don Isaac Abravanel, Statesman and Philosopher*. 3ª Ed. Filadélfia, 1972.

— *The Marranos of Spain from the Late XIVth to the Early XVIth Century*. Nova Iorque, 1966.

Nicolay, Nicholas de. *Discours et histoire véritable dês navigations, pérégrinations et voyages faicts en la Turquie*. Antuérpia, 1586.

— *Quatre premiers livres de navigations et pérégrinations orientales*. Antuérpia, 1578. Também Lyon, 1567, Veneza, 1580.

Novak, G. *Židovi na Splitu*. Split, 1920.

Núñez de Reinoso, Alonso. *Historia de los Amores de Clareo y Florisea y de los trabajos de Isea*. Veneza, 1552.

Nuova luce sui marrani di Ancona. Studi sull'ebraismo in memoria di Cecil Roth. Org. Ariel Toaff. Roma, 1974.

Orfali, Moses. «Newly Published Documents regarding Commercial Activities Between Doña Gracia Mendes and the Ragusan Republic». (não publicado).

Ottoman and Turkish Jewry. Community and Leadership. Org. A. Rodrigue. Bloomington, 1992.

Pamuk, Şevket. *A Monetary History of the Ottoman Empire*. Cambridge, 2000.

Parker, Geoffrey. *The Army of Flanders and the Spanish Road 1567 – 1569, The Dutch Revolt*. Cambridge, 1972.

— *The Army of Flanders and the Spanish Road, 1567-1659: The Logistics of Spanish Victory and Defeat in the Low Countries' Wars*. Ed. Rev. Cambridge, 1990.

— *The Grand Strategy of Philip II*. New Haven e Londres, 1998.

Patronage in the Renaissance. Org. E. G. F. Lytle e S. Orgel. Princeton, 1981.

Pedani, Fabris Maria Pia. *In nome del Gran Signore: inviati ottomani a Venezia dalla caduta di Constantinopoli alla Guerra di Candia*. Veneza, 1994.

Perrondo, Carlos Carrete [e] Yolanda Moreno Koch. «Movimiento Mesianico hispano-portugues: Badajoz 1552». *Sefarad* 52 (1992).

Pesaro, Abramo. *Memorie storiche della communità israelitica di Ferrara* (com um Anexo). Ferrara, 1978 (reeditado em 1967, a partir da edição de Ferrara de 1880).

Piñel (Pinhel), Duarte. *Latinae grammaticae compedium tractatus de calendis*. Lisboa, 1543.

Pohl, Hans. «Die Portugiesen in Antwerpen (1560–1648). Zur Geschichte einer Minderheit». *Vierteljahrschrift für Sozial-und Wirtschaftsgeschichte*. Supl. 63 (1977).

Preto, Paolo. «La Guerra segreta, spionaggio, sabotaggi, attentati». *Venezia e la difesa del Levante: De Lepanto a Candia 1570–1670*. Org. Maddalena Redolfi. Veneza, 1986.

Prinz, Joachim. *The Secret Jews*. Nova Iorque, 1973.

Processi del S. Ufficio di Venezia contro ebrei e giudaizzanti (1548– –1560). Org. Pier Cesare Ioly Zorrattini. Florença, 1980.

Pullan, Brian. *The Jews of Europe and the Inquisition of Venice, 1560– – 1670*. Oxford, 1983.

— *Rich and Poor in Renaissance Venice: The Social Institutions of a Catholic State to 1620*. Oxford e Cambridge, Mass., 1971.

— «A Ship with Two Rudders: Righetto Marrano and the Inquisition in Venice». *The Historical Journal* 20 (1977).

Ravid, Benjamin. «The Legal Status of Jewish Merchants of Venice, 1541–1638». *Journal of Economic History* 35 (1975).

— «Money, Love and Politics in Sixteenth-Century Venice: The Perpetual Banishment and Subsequent Pardon of Joseph Nasi». *Italia Judaica* (Atti de I Convegno Internazionale Bari, 18–22 Maggio 1981.) Roma, 1983.

— «A Tale of Three Cities and their Raison d'Etat: Ancona, Venice, Livorno, and the Competition for Jewish Merchants in the Sixteenth Century». *Mediterranean Historical Review* 6 (1991): 138–62.

Régné, Véase. «History of the Jews in Aragon». *Hispânia Judaica 1 (1978).*

Relazione degli Ambasciatori veneti al Senato. Org. Eugenio Albieri. Vol. I. Florença, 1839.

Renaissance Medals from the Samuel H. Kress Collection at the National Gallery of Art. Col. G. F. Hill. Rev. e Ed. Graham Pollard. Londres, 1967.

Reznik. Jabob. *Le Duc Joseph de Nasi. Contribuition à l'histoire juive du XVIe siècle*. Paris, 1936.

Rivkin, Ellis. «Review of Cecil Roth's *The House of Nasi, Duke of Naxos*». *Jewish Quarterly Review* 40 (1949–50): 205–207.

Rodrigue, Aron. Ver *Ottoman and Turkish Jewry. Community and Leadership*.

— Ver *Sephardi Jewry*.

Romanin, Samuel. *Storia documentata di Venezia*. Veneza, 1857. 10 Vols. Vol. 4.

Rose, Constance H. «Information on the Life of Joseph Nasi, Duke of Naxus; the Venetian Phase». *The Jewish Quarterly Review*, 60 (1969–70): 342–344.

— *The Life and Work of Alonso Núñez de Reinoso: The Lament of a Sixteenth-Century Exile*. Rutherford, 1971.

Rosenberg, H. (Rabino) «Alcuni documenti riguardanti i Marrani Porthogesi in Ancona». *Città di Castello*. 1935, pp. 15–20.

Rosenblatt, Norman. «Joseph Nasi. Court Favorite of Selim II». Tese de Doutoramento. Universidade de Pensilvânia, Filadélfia, 1957.

Roth, Cecil. *Venice*. Filadélfia, 1930.

— «The Marrano Press at Ferrara, 1552–1555.» *The Modern Language Review* 38 (1943).

— *The House of Nasi, Duke of Naxos*. Filadélfia, 1947.

— *Doña Gracia of the House of Nasi*. Filadélfia, 1948.

— *A History of the Marranos*. Nova Iorque, 1974.

— *The Spanish Inquisition*. Nova Iorque, 1996.

Round, Nicholas Grenville. *The Greatest Man Uncrowned: A Study of the Fall of Don Álvaro de Luna*. Londres, 1986.

Rozen, Minna. «Strangers in a Strange Land: the Extraterritorial Status of Jews in Italy and in the Ottoman Empire in the Sixteenth to the Eighteenth Centuries». *Ottoman and Turkish Jewry*. Org. Aron Rodrigue, Bloomington, 1992 (*Indiana University, Turkish Studies*, 12).

Sandri, Maria Gracia [e] Paolo Alazraki. *Arte e vita ebraica a Venezia 1516–1797*. Florença, 1971.

Sanuto, Marino. *Diarii*. 58 volumes, 1872–1902.

Saperstein, Marc. «Martyrs, Merchants and Rabbis: Jewish Communal Conflict as Reflected in the *Responsa* on the Boycott of Ancona». *Jewish Social Studies*, 43 (1981): 215–28.

Schechter, Solomon. «Safed in the Sixteenth Century. A City of Legists and Mystics». *Studies in Judaism* 1938 (Reedição da 2ª Série Filadélfia, 1908).

Schmidt, Ephraim. *Geschiedenis van de Joden in Antwerpen*. Antuérpia, 1963.

Scholliers, E. *De levensstandaard in de XVe en XVIe eeuw te Antwerpen; loonarbeid en honger*. Antuérpia, 1960.

Schweigger, Salomon. *Ein newe Reyssberschreibung auss Deutschland nach Constantinopel und Jerusalém*. Graz, 1964 (primeira edição de 1604).

Segre, Renate. «Nuovi documenti sui marrani d'Ancona (1555–1559)». *Minerva* 9 (1955): 130-233.

Sephardi Jewry. A History of the Judeo-Spanish Community in 14th-20th Centuries. Org. Esther Benbassa e Aron Rodrigue. Berkeley, 2000.

Sephardi Jews in the Ottoman Empire. Org. Esther Juhasz, Jerusalém, 1989 (catálogo de exposição).

Shapiro, James. *Shakespeare and the Jews*. Nova Iorque, 1996.

Shaw, Stanford. *History of the Ottoman Empire and Modern Turkey*. Nova Iorque, 1976–77.

— *The Jews of the Ottoman Empire and the Turkish Republic*. Nova Iorque, 1991.

Shaw, William Arthur. *History of Currency: 1252 to 1894*. Nova Iorque, 1896.

Shmuelevitz, Aryeh. *The Jews of the Ottoman Empire in the Late Fifteenth and the Sixteenth Centuries: Administrative, Economic, Legal and Social Relations as Reflected in the Responsa*. Leiden, 1984.

Sicker, Martin. *The Political Culture of Judaism*. Wesport, Conn., 2001.

Šik, Jaroslav. *Die jüdischen Ärzte in Jugoslawien*. Zagreb, 1931.

Simonson, Shlomo. «Marranos in Ancona, under Papal Protection». *Michael* 9 (1985): 233–267.

Škrivanić, Gavro. *Putevi u srednovekovni Srbii*. Belgrado, 1974.

Stavrianos, Leften Stravos. *The Balkans Since 1453*. Hinsdale, Ill., 1958.

Steinbach, Marion. *Juden in Venedig; 1516–1797. Zwischen Isolation und Integration*. Frankfurt, 1992 (Europäische Hochschulschriften. Reihe IX, Bd.2).

Stengers, Jean. *Les Juifs dans les Pays-Bas au Moyen Age*. Bruxelas, 1950.

Strada, Famiano. *...Excerpta ex decade prima et secunda Historia de bello belgico...* Oxford, 1662.

Stulli, Bernard. *Židovi u Dubrovniku*. Dubrovnik, 1987.

Suleymanname: The illustrated History of Suleyman the Magnificent. Org. Esin Stil. Washington, 1986.

Tadi, Jorjo. «Didak Pir». *Zbornik*, I, pp. 239–253.

— *Jevreji u Dubrovniku do polovine XVII stoljea*. Sarajevo, 1937.

Tadi, Jorjo. «Le Port de Raguse et sa flotte au XVIe siècle. Le navire et l'éconimie...» *Travaux de Second Colloque International d'Histoire Maritime*. Paris (1959): 1–21.

Teatro [Il] italiano del Rinascimento. Milão, 1980.

Toaff, Ariel. Ver *Mediterranean [The] and the Jews*.

— Ver *Nuova luce sui marrani di Ancona. Studi sull'ebraismo in memoria di Cecil Roth*.

Tobi, Joseph. Ver *Toldot ha-Yehudim be artsot ha-Islam. Jews in Islam.*

Todorov, N. Ver Hannanel, A.

Toldot ha-Yehudim be artsot ha-Islam. Jews in Islam. Orgs. Joseph Tobi e Shemuel Ettinger [*et al*].

Toros, Taha. *Turco-Polish relations in History*. Istambul, 1983.

Tucci, Ugo. *Mercanti, navi, monete nel Cinquecento veneziano*. Bolonha, 1921.

Turba, Gustav. Ver *Venezianische Depeschen vom Kaiserhof (1540–1576)*.

Ullmann, Salomon. *Histoire des Juifs en Belgique jusq'au XVIIIe siècle; notes et documents*. Antuérpia, sem data, 38-39.

Urban Life in Renaissance. Orgs. Susan Zimmerman e Ronald F. E. Weissmann. Newark, 1988.

Urošević, A. «Putovanje Vlatka Košarića iz Carigrad u Dubrovnik u 16 veku». *Glasnik Geografskog Drustva*, 22, Belgrado, 1936.

Usque, Abraão. Ver *Biblia en lengua española.*

Usque, Samuel. *Consolaçam às Tribulações de Israel.* Rev. com prefácio de Mendes dos Remédios. Coimbra, 1906–8. 3 vols.

— *Consolation for the Tribulations of Israel.* Trad. Martin A. Cohen. Filadélfia, 1965.

Van der Wee, Herman. *The Growth of the Antwerp Market and the European Economy (XIX–XVI Centuries).* Londres, 1963. 3 vols.

Vaughan, Dorothy. *Europe and the Turk: A Pattern of Aliances 1350–1700.* Liverpool, 1954.

Venezianische Depeschen vom Kaiserhof (1540–1576) Dispacci di Germania. Viena, 1889–95. Vol. 1–4. Org. Gustav Turba.

Venice and Environs. Jewish Itineraries; Places, History and Art. Ed. Francesca Brandes. Trad. do italiano por Gus Barker, Nova Iorque, 1997.

Viaje de Turquia (La odisea de Pedro de Urdemalas). Org. Fernando Garcia Salinero. Madrid, 1980.

Vita e Cultura Ebraica nello stato Estense: Atti del I convegno internazionale di studi Nonantolana. 16–17 maggio, 1991.

Welt [Die] des Mittelmeers. Zur Geschichte und Geographie kultureller Lebensformen. Org. Fernand Braudel [*et al*]. Frankfurt, 1987.

Wettinger, Godfrey. *The Jews of Malta in the Middle Ages.* Malta, 1985 (*Maltese Studies*, 6).

Wierner, Merry E. *Women and Gender in Early Modern Europe.* Cambridge, 1993.

Wills, Gary. *Venice: Lion City. The Religion of Empire.* Nova Iorque, 2001.

Wolf, Lucien. *Essays in Jewish History.* Londres, 1934.

Xanthoudides, Stephanus Antoniou. «Venetian Crete». *Crete, Past and Present.* Org. Michael Nicholas Elliadi, Londres, 1933.

Yerushalmi, Yosef Haym. *From Spanish Court to Italian Ghetto: Isaac Cardoso, a Study in Seventeenth-Century Marranism and Jewish Apologetics.* 2ª ed. Nova Iorque, 1971, 3 vols.

Yerushalmi, Yosef Haym. «A Jewish Classic in the Portuguese Language». Introdução à *Consolaçam às Tribulaçoes de Israel* de Samuel Usque. Reimpressão da edição de Lisboa, 1989.

Zimmerman, Susan [e] Ronald F. E. Weissmann. Ver *Urban Life in the Renaissance.*

Zinguer, Ilana. Ver *L'Ebreu au temps de la Renaissance*.

Zorraquino, Jose Ignazio Gomez. *La burguesia mercantile en el Aragon de los siglos XVI e XVII (1516–1562)*. Saragoça, 1987.

Zorrattini, Pier Cesare Ioly. Ver *Processi del S. Ufficio di Venezi contro ebrei e guidaizzanti (1548–1560)*.

ÍNDICE